RADIO CYMRU 21

PIGION O DDARLLEDIADAU

COFNODWYD
GAN

Lyn Ebenezer

CYHOEDDWYD GAN BBC RADIO CYMRU

Argraffiad cyntaf—1998

ISBN 0 563 38499 9

Cynlluniwyd ac argraffwyd gan
Wasg Gomer, Llandysul, Ceredigion.

RHAGAIR

Pan ofynnodd Aled Glynne Davies, Golygydd Radio Cymru i mi ymgymryd â'r gwaith o gofnodi 21ain mlynedd o ddarlledu ar y gwasanaeth cenedlaethol ymddangosai'n dasg amhosib. Yn wir, wyddwn i ddim sut na ble i ddechre. Yna dyma sylweddoli fod y gwaith eisoes wedi'i wneud - ar lafar - gyda'r gyfres radio *Radio Cymru 21,* wedi'i chynhyrchu gan Owain Arfon Williams a'i chyflwyno gan Nia Roberts.

Dyma gysylltu ag Owain a chael cymorth ar unwaith ar ffurf tri llond bocs o dapiau a pheiriant pwrpasol i'w chwarae'n ôl. Y canlyniad fu oriau lawer o wrando - dros ugain awr. Yna dethol deunydd a fyddai'n addas ar gyfer y gyfrol. Bu'n rhaid hepgor, am resymau amlwg, eitemau cerddorol. Felly hefyd eitemau dynwaredol, gan fwyaf. Eto'i gyd roedd yna ddigon ar ôl i lenwi cyfrol swmpus.

Ceir rhai lleisiau amlach na'i gilydd yma. A digon naturiol yw hynny gan fod cyflwynwyr fel Hywel Gwynfryn, Dei Tomos a Sulwyn Thomas wedi bod yno o'r cychwyn. A dylwn yn arbennig gyfeirio at y mwyaf ohonynt oll, yn fy marn fach i, John Roberts Williams sy'n gawr o gyflwynydd. Llwyddodd i gyflwyno dros fil o rifynnau o *Dros fy Sbectol* ar Radio Cymru. Mae hynna, ynddo'i hun, yn gamp. Yr hyn wna droi camp yn wyrth yw safon ei waith o wythnos i wythnos. Os oes yna'r fath safon yn bod a pherffeithrwydd newyddiadurol, wel dyma hi.

Bu'r gwaith yn gryn addysg i mi. Yn un peth, dysgwyd i mi nad oes dim byd yn newydd. Gyda chryn feirniadaeth o blith purwyr iaith am chwarae recordiau Saesneg y dyddiau hyn roedd Iorwerth Peate yn *Y Faner,* yn ôl yn 1979, yn feirniadol iawn o bolisi Radio Cymru o chwarae recordiau. Nid rhai Saesneg ond rhai Cymraeg.

Elfen arall a'm trawodd oedd y modd y llwyddwyd yn ddieithriad i ganfod lleisiau Cymraeg ledled y byd. Ble bynnag y torrodd stori fawr, roedd Cymro neu Gymraes Gymraeg - neu ddysgwr - yno i adlewyrchu'r digwyddiadau. O Sgwâr Tiannamen i Heysel, o derfysgoedd Los Angeles i Hillsborough, o Waco, Texas i Dunblane fe gafwyd y storïau o lygad y ffynnon - yn Gymraeg.

Wyddoch chi, er enghraifft, mai'r *Post Prynhawn* oedd y rhaglen gyntaf yng ngwledydd Prydain - os nad yn y byd - i glywed fod Ynysoedd y Malvinas wedi eu goresgyn yn 1982? Ac fe lwyddodd yr un rhaglen i gael Cymro Cymraeg i sylwebu'n fyw ar drychineb y wennol ofod Columbia yn 1986. A phan dorrodd Rhyfel y Gwlff roedd gan Radio Cymru ei gohebydd ei hun, Guto Harri allan yn Sawdi Arabia.

Gellid disgrifio'r gyfrol hon, mae'n debyg, fel pigion o bigion ynghyd ag ymateb rhai o feirniaid radio'r *Cymro*, *Y Faner* a *Golwg* dros y blynyddoedd. Roedd hi'n bwysig cael barn y rhai oedd yn canu clodydd yn ogystal â'r rheiny oedd yn anhapus â'r arlwy. Er mai dathliad pen-blwydd yw'r gyfrol, y peth olaf fyddai unrhyw un am ei weld fyddai gwyngalchiad.

Dyma, felly, gymysgedd o leisiau sy'n siarad mewn print, yn ddwys ac yn ddoniol ac, yn ddieithriad, yn ddifyr, lleisiau sy'n adlewyrchu sleisen sylweddol o hanes Cymru a'r byd drwy lygaid Radio Cymru a'r beirniaid radio.

Diolch i bawb a fu'n gymorth. I Aled Glynne Davies am fentro rhoi'r gwaith yn nwylo rhywun mor ddi-drefn â fi, ac i'w ysgrifenyddes, Kathryn Rowlands; i Catrin Howkins a Heledd Williams o'r Adran Farchnata a Chysylltiadau Cyhoeddus; i Richard Timothy o Adran Y Wasg ac i Ceri Davies, ceidwad yr holl luniau sydd yn Llyfrgell BBC Cymru. A diolch yn arbennig i Owain Arfon Williams. Heb ei gyfres hynod lwyddiannus ef, a'i barodrwydd i fenthyca'r tapiau, byddai wedi bod yn amhosib paratoi'r gyfrol hon mewn amser mor fyr. A diolch i Wasg Gomer am waith glân a destlus ac am amynedd di-ben-draw.

Lyn Ebenezer
Gorffennaf 1998

1977

Y BABI NEWYDD

Pan gyhoeddwyd genedigaeth Radio Cymru fe'i croesawyd gan fwy nag un fel babi newydd.

"Am fod ganddo ni rhyw fath o fabi newydd roedden ni eisiau gwneud yn siŵr fod sgrech y babi yma i'w chlywed dros y wlad i gyd a roedden ni'n gwneud lot o hylabalŵ, nid ar yr awyr ond o gwmpas y wlad hefyd," meddai Gareth Lloyd Williams, golygydd *Helo Bobol.*

Hywel Gwynfryn "fel rhyw sant o dad yn maldota". Gydag ef, ymchwilydd cyntaf *Helo Bobol*, Lenna Pritchard Jones

A meddai'r A.S. John Morris "Dydd genedigaeth yw hwn, a babi newydd yw hwn yng Nghymru. Ac fel pob babi newydd, ry'n ni'n falch o'i weld e' yn y teulu a does gen i ond dymuno'n dda i'r dull yma o ddarlledu."

Pan ddaeth hi'n adeg i bwyso a mesur y newydd-ddyfodiad, Hywel Teifi Edwards gafodd y dasg ar *Wythnos i'w Chofio*. A'r hyn a wnaeth ddwyn ei brif sylw oedd y trefniant boreol newydd hwnnw, *Helo Bobol*.

"Ac roedd y babi yma yn bwriadu dangos o'r dechre ei fod e'n foi lysti a'i fod e'n moyn sylw. Rwy'n dweud 'boi' am mai llais boi glywais i'n cawodi pob math o sylwadau am fy mhen i heb un pardwn. O Fangor, Dafydd Parry. O Wrecsam, Richard Jones. O Aberystwyth, Geraint Evans. O Gaerfyrddin, Gareth Morgan Jones. Ac o Abertawe, Richard Rees.

"Ac yng Nghaerdydd roedd Hywel Gwynfryn fel rhyw sant o dad yn maldota pob un o'i epil yn eu tro a rhoi clust i bob lleferydd. A'r ewyrth rhadlon o Fangor, Gwyn Llewelyn, bob yn hyn a hyn yn cydio ar ei gyfle pan odd y lleisie'n chwilio am anadl i adrodd hanes Cymru fach a'r byd mawr."

Heddiw, 21 mlynedd i lawr y ffordd, mae hi'n anodd gwerthfawrogi arwyddocâd y newid. Bu'r Dr John Davies yn esbonio.

"Wel, 1977 yw'r tro cyntaf mae'r *Radio Times* yn rhestru gwasanaeth Radio Cymru a *Radio Wales* fel gwasanaethau ar wahân. Cyn hynny roedd e'n *Radio 4* gydag 'opt-outs', rhai yn Gymraeg a rhai yn Saesneg. Ond o'r 1af o Ionawr 1977 mae nhw'n cydnabod bodolaeth y gwasanaeth Cymraeg a'r gwasanaeth Saesneg fel trefniadaeth ar wahân."

Y DISCO A'R SOSBAN

Un o'r lleisiau cynharaf oedd un Dei Tomos. Ac roedd ef wedi cychwyn arni cyn y diwrnod agoriadol go iawn.

"Fe ddechreuodd y gwasanaeth go iawn, mae'n siŵr gen i, ar y dydd Llun canlynol efo Hywel Gwynfryn yn cyflwyno *Helo Bobol.* Ond mi gafodd Richard Rees a finnau'r fraint o gyflwyno rhaglen fyw am deirawr ar yr hyn oedd, bryd hynny, yn Radio Cymru. A'r rhaglen gyntaf oedd, dw'i ddim yn siŵr iawn, *Croeso '77,* neu rywbeth felly.

"Mi dwy'n un o'r ychydig sydd ar ôl yma erbyn hyn, mi greda i, sy'n medru dweud iddo ddarlledu o Neuadd y Penrhyn. Ond roedd y rhaglen honno o Neuadd y Penrhyn, a rown ni yno efo criw o bobol ifanc.

"Rown i'n treio creu naws y disco yn hwyr fin nos am naw o'r gloch y bore. A Richard Rees yn fwy lwcus, mewn gwirionedd. Mi oedd o mewn stiwdio yng Nghaerdydd. A'r ddau ohonon ni wedyn yn cyd-gyflwyno, yn gwneud rhyw slot ar y tro, fel petai. A fe ofynnwyd i ni a oeddan ni'n fodlon gwneud. A mi gytunon, yn naturiol.

"A fe gawson ni'r rhaglen gyntaf yma, sef rhaglen deirawr. Tipyn o her. A rhaglen awr wedyn bob un. A dyna ddigwyddodd. Ac felly daeth *Disco Dei* a *Sosban* Richard Rees yn rhan o fore Sadwrn."

Beth am atgofion Richard Rees?

"Fe ddechreuodd y cysylltiad cyn i Radio Cymru gael ei lansio'n swyddogol. Own i wedi bod yn gweithio i *Sain Abertawe* am rai blynydde ac ar ddiwedd 1976 fe wnaeth y BBC arbrawf VHF mewn tua chwech ardal, os ydw i'n cofio'n iawn, ac un o'r rheiny oedd ardal Llwynhendy ger Llanelli.

Dei Tomos a'i Ddisco wnaeth lawnsio'r gwasanaeth newydd.

I Richard Rees roedd darlledu ar Radio Cymru fel ennill cap i Gymru.

“Ac roedd Gareth Price, a oedd yn is-bennaeth rhaglenni ar y pryd, yn chwilio am rywun i gyflwyno dwy raglen y dydd, un rhaglen y bore ac un y nos. Ac fe ges i gynnig i wneud hynny. A fe dderbyniais i. Un o'r pethe oedd yn rhaid ei wneud oedd siarad a Gwyn Llewelyn ar *Bore Da* yn gynnar, y peth cynta yn y bore. Hynny, dwi'n credu, oedd y peth cynta i fi ei wneud. Roedd hynny nôl ym mis Hydref, siŵr o fod, yn 1976.

“Ac ar y dydd Sadwrn, Ionawr 1af 1977, un o'r peth mwya dwi'n gofio am y bore 'na—own i wedi bod yn gweithio mewn radio lleol mewn sied fach ynghanol y gors yna yn Gorseinon ger Abertawe. Ac yn sydyn iawn dyma fi'n ffeindio fy hunan yn eistedd mewn car y tu allan i'r BBC yng Nghaerdydd. Ac roedd hwn i fi fel cael cap i Gymru. Rown i'n mynd i ddarlledu i Gymru gyfan erbyn hyn. A rwy'n siŵr mai dyna'r peth agosa dwi i wedi'i wneud i gael cap. A rown i'n eistedd fanny ac yn edrych lan ar y cyntedd anferth o wydr gwyrdd sydd gan y BBC y tu fas i'r pencadlys yn Llandaf gan feddwl i fi'n hunan, 'Na, alla'i ddim a gwneud hyn. Alla'i ddim mynd mewn fanna'.”

GWYN A GWYNFRYN

Fe ellid disgrifio Dei a Richard fel deuawd. Felly hefyd Hywel Gwynfryn a Gwyn Llewelyn. Gwyn sy'n edrych yn ôl.

“Roedd o'n gyfnod cyffrous iawn. Roedd Hywel Gwynfryn yng Nghaerdydd a finna fan hyn yn cael ein paratoi yn rhyw fath o dîm. Roeddwn i yn delio â'r ochr galad newyddion, felly, ag yntau yn cymryd drosodd wedyn i wneud yr elfen ysgafnach. A *Cyn Saith, Cyn Wyth* a *Chyn Naw* oedd y tri slot boreol yma.

“Roeddan ni'n adnabod ein gilydd cynt ac yn parchu'n gilydd hefyd. Roedd ganddon ni barch proffesiynol i'n gilydd. Roedd hi wedi datblygu hefyd, roedd yna rhyw fath o iaith gyfrin rhwng Hywel a fi, rhyw eiriau côd, bron iawn. Ddim ond fo a fi oedd yn gwybod. Hywel er enghraifft, yn dweud, 'Ew, mae hwyliau arbennig o dda arna'i y bore 'ma. Rwy'n teimlo'n ardderchog'. Ac roedd hynny'n arwydd i mi fod Hywel wedi cael noson galad y noson cynt ac wedi blino.”

I fagu babi'n dda mae angen rysáit addas. A Hywel Gwynfryn oedd y *chef* gorau posib. Ond beth oedd y rysáit?

“Tîm da. Mae hynny yn bwysig.Y rheswm oeddan ni yn aml yn swnio'n gall oedd am fod ganddon ni dîm oedd yn gwneud i ni swnio'n gall ac yn rhoid yr holl wybodaeth i ni. Roedd hynny'n bwysig. Brwdfrydedd pawb. Mae hynny'n sicr. A hefyd, ac mae hyn yn bwysig, fel y dywedodd Gwyn Alf Williams, mae Cymru wedi para mor hir oherwydd ein bod ni wedi ail-greu ein hunain dros y canrifoedd. A rwy'n credu ei bod hi'n bwysig i wneud hynny oddi mewn i'r ffrâm, felly. Newid, addasu, gwrando. Os fydda ni'n cael ein beirniadu, wel, rown i yn bersonol, beth bynnag, yn darllen y feirniadaeth ac yn meddwl, ydi nhw'n iawn? Na, dw'i ddim yn credu eu bod nhw. Ydi nhw'n iawn? Falla eu bod nhw. Ydyn mae nhw. Gadewch i ni addasu. Gadewch i ni newid.

"Y syniad oedd ceisio tynnu'r genedl ynghyd o gwmpas y bwrdd brecwast cynnar."

Gwyn Llewelyn - y cyntaf i ddarlledu bwletin newyddion ar Radio Cymru.

HUNLLE'R BORE CYNTAF

Roedd Hywel a Gwyn yn hen bennau. Stori arall oedd hi i ohebwyr newydd *Helo Bobol,* fel mae Geraint Evans, gohebydd ardal Aberystwyth yn cofio.

"Pan ddaeth y bore cynta, dwi'n credu, pan own i'n cerdded i mewn i'r stiwdio, ymbalfalu yn y tywyllwch own i. Ond fe ddysgwyd ambell i wers chwerw. Pan ych chi'n ceisio gwneud rhywbeth felna dyw beirniadaeth ddim bob amser yn help. Ond mi ddysges i, ac mi ddysgon ni i gyd, bawb oedd yn gweithio ar y rhaglen. Ac wrth gwrs nawr, pan ydi chi'n edrych ar broffesiynoldeb Radio Cymru a'r slicrwydd, falle'i fod e'n werth i fod yn or- sentimental wrth gofio o ble mae e' i gyd wedi dod.

"Mi roedd yna bobol yn ysgrifennu yn *Y Faner*, ond oedd. Dwi'n gallu cofio hynny. A pherson fu yn feirniadol ac, wrth gwrs yn deg o feirniadol, o *Helo Bobol* ar un adeg oedd y diweddar Jennie Eirian. Ac mi ddwedodd hi bethe digon plaen am y rhaglen. Nawr, pan mae rhywbeth felna yn dod i chi, dyw e' ddim yn hawdd. Fe fydde unrhyw un sy'n dweud ei fod e'n hawdd, wel, fyddech chi ddim yn eu credu nhw. Ond pan ych chi'n edrych nôl a chi'n gallu gweld, wel ie, oedd, roedd yna degwch mewn llawer o'r pethe oedd yn cael eu dweud. Y peth pwysig yw eich bod chi'n dysgu o'r feirniadaeth—ddim yn suddo o dan y feirniadaeth, bo chi'n dysgu o'r feirniadaeth a cheisio symud ymlaen mewn hyder. Mae hi'n hawdd dweud hynny nawr, ond doedd e' ddim yn hawdd ar y pryd."

Na, doedd y gwasanaeth newydd ddim yn brin o feirniaid. Ond cofio ymateb mwy cadarnhaol wna'r Dr John Davies.

"Roedd yna frwdfrydedd cyffredinol, rwy'n credu, pan ddaeth Radio Cymru i fodolaeth. Er enghraifft mae Hafina Clwyd, oedd yn ysgrifennu colofn yn *Y Cymro* ar y pryd ac wedi symud nôl i Gymru yn dweud ei bod hi'n werth symud nôl jyst er mwyn cael derbyn Radio Cymru.

"Fe gafodd lawer mwy o groeso na Radio Wales. Hynny yw, fe ddaru Esgob Mynwy draddodi pregeth o'i Eglwys Gadeiriol yn ymosod ar Radio Wales fel 'nothing more than pop and prattle' tra y gwasanaeth Cymraeg yn parhau falle, bryd hynny, yn agosach at werthoedd Radio 4. Yn dal i fod yn apelio, fel y dywedodd rhywun, at y 'middle class', y 'middle brow' a'r 'middle aged'. Roedd y syniad yna mai'r bobol biau'r cyfrwng. Ac mae'n rhaid i ni ychwanegu fan hyn at agwedd hudolus Hywel Gwynfryn. Ef yw arwr y datblygiadau yma."

HELO, GARETH

Y gŵr a benodwyd yn dad maeth i *Helo Bobol* oedd Gareth Lloyd Williams.

"Fe ges i fy mhenodi fel y golygydd. Wedyn fe benodwyd Ruth Parry a Gareth Rowlands fel dau gynhyrchydd ar gyfer yr uned. Ond doedd yr arian ddim yn bod i ymestyn ymhellach na hynny. A rown i'n ceisio pwysleisio ar y penaethiaid ar y pryd, mae'n rhaid i ni o leiaf gael ymchwilydd os nad ymchwilwyr. A dyma nhw'n dweud: yn anffodus, does dim lot o arian i'w gael. Ac roedden nhw'n disgwyl i ni wneud y gwaith ymchwil hefyd.

"Ond yn ffodus fe lwyddon ni i gael y maen i'r wal a'u perswadio nhw i ni gael cyfnodau byr i gyflogi ymchwilydd. Ac fe benodwyd Lena Pritchard Jones fel yr ymchwilydd cyntaf. Ond doedden ni ddim ond yn gallu cynnig cytundebau byr. A phan dwi'n dweud byr, roedden nhw'n eithriadol o fyr. Os ydw i'n cofio'n iawn, dim ond wythnos oedd y cytundeb cyntaf i bara. Ac erbyn y nos Iau gyntaf roedden ni'n holi beth oedden ni'n mynd i'w wneud yr wythnos nesa. A dyma fi'n mynd fyny a'm cap yn fy llaw i'r trydydd llawr, fel fydda ni'n ei alw fo bryd hynny, a dweud, 'Ylwch, rydan ni wedi brwydro drwy'r wythnos gyntaf. Be'yda ni'n mynd i'w wneud yr wythnos nesaf?' A fe ganiatawyd i mi benodi Lena wedyn am wythnos arall.

"Ac roedd hi'n mynd ymlaen fel hyn am rai wythnosau. Ac ar nos Iau, yn aml iawn, fe fydda ni'n cael parti yng nghlwb y BBC i ddathlu ac i ddiolch i Lena am ei gwasanaeth a chyn diwedd y parti fe fydda ni'n gallu cyhoeddi bod ganddi hi gytundeb am wythnos arall. Ac roedd hi, felly, mor ofnadwy â hynny. Son am fyw o'r llaw i'r genau, roedd hi'n ddifrifol a dweud y gwir.

"Roedd o'n newid mawr oherwydd am y tro cyntaf erioed yn y Gymraeg roedd isio llenwi gofod o awr-a-hanner. Erbyn heddiw, wrth gwrs, dydi hynny ddim yn swnio'n llawer iawn. Ond bryd hynny, pan oedd y rhaglenni yn rhedeg am ryw hanner awr fan pellaf—un hanner awr y dydd, fel petai—roedd cynhyrchydd yn gyfrifol am un hanner awr yr wythnos. Ond gyda dyfodiad Radio Cymru fel hyn roedd angen i rywun fod yn gyfrifol am awr-a-hanner bob dydd o ddydd Llun tan ddydd Gwener. Roedd hi'n dipyn bach o her. Ac un peth, wrth gwrs, oedd yn hawdd i'w wneud oedd defnyddio cerddoriaeth. Roedd e'n hawdd i ni fel tîm cynhyrchu.

"Ond ddim cweit mor hawdd, mae'n amlwg, gan y gwrandäwr. Oherwydd fe gawson ni lawer iawn o gwynion yn y wasg bryd hynny bod ni'n byddaru pobol dros eu brecwast ac yn y blaen efo cerddoriaeth. Nes, os dwi'n cofio'n iawn, i rywun fel Dafydd Elis-Thomas, oedd yn llywydd y dydd mewn rhyw eisteddfod, gyhoeddi o lwyfan y Genedlaethol bod o'n meddwl bod y math o arlwy oedd ar gael bellach yn dderbyniol iawn a bod gystal ganddo fo glywed Endaf Emlyn efo'i frecwast ag oedd clywed Elgar."

> *Dydw i ddim yn ymddiheuro am ddweud fy mod i yn un o ffans Hywel Gwynfryn a* ***Helo Bobol****. Dwi'n gobeithio na fydd y BBC yn ddim yn gwrando gormod ar y beirniaid llenyddol darlledu, sy'n dweud bod angen mwy o gerddoriaeth glasurol a newyddion trwm a llai o ganu pop yn y bore. O orfod deffro, mae'n well gen i ddeffro i swn Endaf Emlyn nag i Elgar.*
>
> Dafydd Elis Thomas o lwyfan y Brifwyl

CENHADON Y DONFEDD

Un peth oedd cael gwasanaeth newydd. Y dasg yn awr oedd perswadio'r gwrandawyr mai'r Bobol Biau'r Cyfrwng. Un o'r cenhadon cynnar oedd R. Alun Evans.

"Roeddech chi'n cael trwydded tridiau i ddarlledu yn Rhosllanerchrugog, trwydded arall i ddarlledu yn Nolgellau, yn Llangefni, ym Mhontardawe, Caerfyrddin—a threio mynd o gwmpas gwlad fel bod y wlad i gyd yn cael blas gwrando. Yr unig drafferth gyda hynny oedd, yn ei hanfod, mae radio bro yn rhywbeth lleol iawn. Y fro ei hunan yn siarad a'i bro ei hunan. Er bod pobol yn rhyfeddu fod cymaint yn digwydd yn y gwahanol fröydd, ac wrth eu bodd yn heidio o gwmpas y fan gyda cheisiadau am recordiau.

"Ond roedd yna beryg yn hyn ein bod ni'n rhoi'r syniad mai fel hyn oedd Radio Cymru i fod. Defnyddio'r achlysur, mewn gwirionedd, oedden ni i werthu'r syniad o wrando ar y donfedd uchel."

Cwestiwn a ofynnwyd dro ar ôl tro oedd—pam fod y gwasanaeth newydd yn gorfod symud i VHF? Mae'r ateb gan y Dr John Davies.

"Fe gysylltwyd y Gymraeg yn rhannol a VHF oherwydd bod y bröydd Cymraeg yn cael anhawster i gael y donfedd ganol. Ond yn bennaf, fe greda' i, oherwydd ar ddechre'r 70au yr oedd mwyafrif y boblogaeth yn dal i gael eu gwasanaethau drwy'r donfedd ganol. Ac fe fydde yna brotestiadau mawr wedi bod yng Nghymru pe bai'r donfedd ganol wedi mynd yn fwyfwy Cymraeg.

"Ond roedd yna oblygiadau eraill i VHF hefyd. Roedd y donfedd ganol yn ymestyn i mewn i bellafoedd Lloegr, Iwerddon ac, yn wir, i'r Alban. Ond unwaith oeddech chi'n troi yn gyfan gwbl i VHF roeddech chi'n cyfyngu'n aruthrol ar faintioli'r gynulleidfa. Fe feddyliwn i fod yna gannoedd o filoedd o bobol sy'n deall y Gymraeg yn Lloeger, rhai yn yr Alban, rhai yn Iwerddon. Roedd hynny, yn sicr, yn cyfyngu ar gynulleidfa'r gwasanaeth Cymraeg tra'i fod e' ddim yn cyfyngu ar y gwasanaeth Saesneg. Felly, er bod yna fanteision—uwchlaw dim roedd ansawdd y sain ar VHF gymaint yn well—roedd yna anfanteision hefyd."

BLE GES TI'R DDAWN?

Gan T. Glynne Davies y clywson ni am golled fawr y byd adloniant.

"Heddiw bu farw Ryan yn ifanc. Ac mae pawb yn son amdano. Ac un peth annwyl i feddwl amdano fo yw y byddai pawb sydd ar y rhaglen heno wedi dweud yr un pethau amdano neithiwr petawn i wedi digwydd gofyn. A phawb ohonom, efallai."

Ergyd i bawb. Ond roedd Ronnie Williams yn ei theimlo hi yn fwy na'r rhelyw.

"Dim ond rhyw awr-a-hanner yn ôl wnes i glywed, ac felly dw'i ddim yn siŵr. Dw'i ddim yn credu'r peth. Dw'i ddim yn gwybod sut rwy'n teimlo ar hyn o bryd, a dweud y gwir. Rwy wedi bod yn pregethu wrth Ryan ers tair blynedd bellach—bob tro own i'n ei weld e' neu'n siarad ar y ffôn—am weithio llai. Doedd dim eisie iddo fe weithio cymaint."

Ddoe mor bell. Ryan Davies a fu farw yng Ngwanwyn y flwyddyn gyda 'Fo', Guto Roberts.

Doedd gan Alun Williams ddim unrhyw amheuaeth am faint y golled.

"Os ydi chi'n mynd i gyfrif ei dalentau fe, os 'dych chi'n mynd i feddwl amdano fe a'i gofio fe yn ôl ei dalentau fe, wel dyma'r difyrrwr Cymraeg mwyaf erioed, heb os nac oni bai."

Un arall a deimlodd yr oerwynt o'r tu draw i Fôr Iwerydd oedd y Fo, Guto Roberts.

"Wel, mae ceisio siarad ar ôl y fath sioc a ges i'r bore yma yn beth anodd iawn, iawn. Fedra'i ddim rŵan, a fedra'i byth eto chwaith, ddychmygu am Ryan Davies yn llonydd. Pur anaml y bydda ni'n cyfarfod â'n gilydd rhwng rhaglenni. A heddiw—heddiw dwi'n sylweddoli, mewn gwirionedd cyn glosied oeddan ni at ein gilydd. Mae 'na lawar wedi bod yn gofyn i mi fyddan ni'n cael llawar o hwyl wrth wneud *Fo a Fe*. Wel, dipyn bach weithia, dyna fydda i'n ddweud. Ond gweithio i wneud i'r peth fod yn ddigri i'r gwyliwr fydda ni. Mae'n anodd iawn credu fod un mor fywiog yn llonydd a'r tafod ffraeth yn fud."

> *Ddoe mor bell,*
> *Fy nhrafferthion wedi mynd a dod,*
> *Nawr dyw byw yn ddim ond poen i fod,*
> *Ac o, mae ddoe mor bell i mi . . .*
>
> Ryan Davies (Ddoe Mor Bell cyfieithiad o *Yesterday* Lennon a McCartney.)

Y GÂN A'R GÔL

Ar Radio Cymru, fel y byddai Ryan yn cytuno, rhaid oedd i'r sioe fynd yn ei blaen. Un o'r rhai a fu'n gyfrifol am barhad y gân oedd Eurof Williams.

"Ges i swydd cynhyrchu Radio Cymru fis cyn i Radio Cymru gael ei lansio yn swyddogol. Ac yn y cyfnod hwnnw rwy'n cofio amser cynhyrfus. Rwy'n ei gymharu fe fel mae Tony Blair a'r Blaid Lafur eisiau gwthio popeth drwyddo yn y Senedd nawr mor gloi a gallan nhw. Roedd y llifddorau wedi cael eu hagor yn yr ystyr hynny gyda rhaglenni Cymraeg hefyd. Dim son am S4C, wrth gwrs. A dyna beth oedd y teimlad, falle, yn '82 gydag S4C. Roedd pawb isie cael gymaint o raglenni ar yr awyr ag oedd yn bosib. Mynd mas i gwrdd a'r gynulleidfa."

Parhau wnaeth yr her. Darlledu'n fyw ar gêm bêl-droed fu un dasg i R. Alun Evans.

R Alun Evans, un o genhadon cyntaf Radio Cymru.
Ef wnaeth sylwebu'n gyntaf yn Gymraeg ar gêm beldroed ryngwladol.

"Roedden ni yn ymwybodol—argoel, dwy awr o ddarllediad yn Gymraeg yr amser yma o'r nos. Ac wedyn, y cyfan drosodd, Cymru'n colli, roedd yna siom am hynny. Ond roedd yna rhyw deimlad fod rhywbeth mawr wedi digwydd yn nhermau radio yn Gymraeg.

Rych chi yn ymwybodol fod y peth yn newydd.

"Y siom wedyn o ddod nôl i Gaerdydd a rhai yn dweud: 'O, doedden i ddim yn gwrando, wrth gwrs, achos dydyn ni ddim yn ei ddeall e'n Gymraeg'. Ond na, doedden nhw ddim. Roedden nhw'n swil. Yn rhy swil i wrando. Er bod yna raglenni fel *Y Maes Chwarae* a *Byd y Bêl* yn bod. Roedden nhw o hyd yn fwy cyffyrddus yn gwrando ar sylwebaeth yn Saesneg oherwydd eu bod nhw hyd y dydd hwn yn darllen am chwaraeon yn Saesneg. A roedd hi'n dipyn bach o siom.

"Wedyn, yn raddol, rydy chi'n meithrin eich cynulleidfa, plant a phobl ifanc oedd yn dechre dod i ddeall beth oedd cic o'r smotyn a chamochri a'r math o derme y bydden chi'n ceisio'u sefydlu fel y math o derme y bydde'r rhai oedd yn gwrando yn eu deall ar amrantiad."

TICIAN YMLAEN

Troi'r cloc ymlaen wnaeth Radio Cymru. A throi'r cloc ymlaen yn llythrennol wnaeth y genedl wrth ddynesu at ddiwedd y flwyddyn. A doedd John Roberts Williams ddim yn hapus.

"Rydach chi wedi anghofio'n barod, do. Wel, yn ôl mae o i fynd. Rhyw ffwlbri Prydeinig rydan ni'n dal i afael ynddo heb unrhyw reswm erbyn hyn, hyd y gwela i, ar wahân i bwysleisio bod rhai traddodiadau o hyd mae'r ynysoedd yma'n benderfynol o ddal eu gafael ynddyn nhw. Biti eu bod nhw'n betha mor ddibwys, ynte.

"Ond beth petaswn i, fel rhyw Ddoctor Who, yn medru troi cloc mawr amser yn ôl yn go iawn? Mi fu hynny ar feddwl llu mawr o bobol yn ystod y dyddiau diwetha yma. Achos wythnos o bendroni y blynyddoedd a ddifaodd y locustiaid a phetha gwaeth a fu hi. Ac wythnos o ymholi sut ddyfodol sydd i iaith a ffordd o fyw, yr ireiddiaf sy'n aros o genhedloedd hen wareiddiad y Celtiaid, sef y chi a fi.

"Edrychwch ar y petha bach sy'n dangos sut mae'r gwynt yn chwythu. Yng nghylch Caerfyrddin yn unig mae yna bedair ar ddeg o ysgolion ag ynddyn nhw rhwng deg y cant ac un-a-deugain y cant, plant heb air o Gymraeg. Er eu bod nhw'n dod o gartrefi lle mae'r tad a'r fam yn siarad Cymraeg. Yng Nghydweli, ugain y cant o'r rhain. Hen fenyw fach Cydweli, be' wyt ti'n wneud i dy blant?"

Roedd John Roberts Williams, a welir yma gydag Ifor Rees,
yn gobeithio fod Taffy yn dal yn Gymro.

1978

YR IAITH AR WAITH

"Taffy was a Welshman, Taffy was a thief; Taffy came to my house and stole a lump of beef."

Dyna sut oedd rhai yn synio am y Cymry ym 1978. Ond ar ddechrau blwyddyn roedd John Roberts Williams am awgrymu tro yng nghynffon pennill y Taffy.

"Ond beth am rywbeth fel hyn? 'Taffy was a Welshman, Taffy's not so young; Taffy came to my house and I stole his tongue.'

"Mae'r Blaid Lafur yng Nghymru yn cydnabod yn swyddogol fod yr iaith Gymraeg mewn perygl ac y dylasid ei hachub a'i chadw. O hyn hyd ddiwedd y ganrif 'ma fe fydd tynged yr iaith wedi'i setlo. Ac mae'r ffaith fod y gwirionedd yma'n cael ei sylweddoli yn galondid ac yn mynd i helpu rhywun i ddweud yn y flwyddyn 2000, gobeithio, nid 'Taffy was' ond 'Taffy **is** a Welshman."

CADAIR ANESMWYTH

Fe fu hon yn flwyddyn a welodd fater yr iaith yn mynd o dan groen yr Aelod Seneddol ifanc Neil Kinnock ynghyd â'i wraig o Fôn. A'i gyhuddiad mawr oedd fod plant bach yr ynys naill ai yn ofni, neu'n methu, gofyn yn Gymraeg am gael mynd i wneud pi-pi.

Ac ar raglen newydd Gareth Glyn *Ciwbymbyrs a Chydadrodd* mater yr iaith oedd yn mynd o dan groen Beti George hefyd.

"Yr iaith yw'r unig bwnc lle ydw i wedi gwylltio i'r graddau fy mod i wedi cerdded allan o'r stafell. Hyd yn oed stopio car a cherdded allan o gar. Neu golli fy nhymer yn llwyr."

O gyfres newydd Gareth Glyn am gas bethau pobol at raglen newydd ei dad, T Glynne Davies *O Flaen fy Nhrwyn.*

"Wel, croeso unwaith eto. A'r bore yma fe fyddwn i'n symud cryn dipyn gan son am y naill beth a'r llall sydd yn effeithio ac yn amharu arnon ni i gyd a chyfarfod, ymhlith pobol eraill, ag Athro Coleg, Proffesor, a'i glywed e'n dweud, "Os hoffech wybod sut mae dyn fel fi yn byw ."

Y Proffesor oedd yr Athro Bedwyr Lewis Jones. Ac roedd hwnnw ar y pryd ynghanol cyfnod cythryblus yn y coleg ym Mangor, wedi'i ddal yn y canol rhwng awdurdodau'r coleg ar y naill law a rhai o'r myfyrwyr oedd yn awyddus i Gymreigio'r sefydliad ar y llaw arall.

Bu T Glynne Davies yn holi Athro oedd mewn Cadair ansemwyth.

“Mae rhywun o reidrwydd mewn Cadair Gymraeg ynghanol tensiwn gwleidyddiaeth iaith yng Nghymru heddiw, ynte. Roedd yna dipyn o alw wedi bod ym Mangor llynedd, fel ’dach chi’n cofio, am gael polisi dwyieithog iachach yn y coleg felly. Fe fu yna dipyn o helynt. Fe sefydlwyd pwyllgor i lunio dogfen bolisi. Nawr roedd honna ar ddiwedd y tymor gerbron Llys y Coleg i’w derbyn. Roedd ’na gynnig gan ddau, ac roedd rhai o’r myfyrwyr o blaid y cynnig hwnnw, i wrthod y ddogfen honno gan nad oedd y polisi ddim ddigon da a’i yrru fo nôl a dyma ofyn am un llawer cryfach.

“Rown i’n gweld hynny yn beth negyddol iawn i’w wneud. Ac felly mi gynigiais i welliant. Yn hytrach na’i gwrthod hi, ein bod ni yn hytrach yn ei derbyn hi fel cam tuag at gael polisi iawn a gofyn am gael adroddiad bob blwyddyn ar beth oedd wedi’i wneud i wireddu’r polisi hyd at yma a sut y gellid ei estyn o. Roedd rhai o’r efrydwyr yn meddwl fod hynna yn ormod o gymrodeddi ac fe fu ymhlith rhai ohonyn nhw fynegi anghymeradwyaeth go lym arna’ i am yr hyn o’wn i wedi’i wneud. Fe aethon nhw mor bell ar un adeg a gofyn i mi ymddiswyddo, er enghraifft, ynte.

“Mae pobol ifainc yn gallu bod yn rhydd, wrth gwrs, heb gyfrifoldeb swydd i orfod gweithredu rhywbeth mewn sefyllfa arbennig sydd bob amser yn fwy cymhleth na mae hi’n ymddangos. Mae nhw’n rhydd i son am y ddelfryd. Nawr, fe all hynny fod yn beth iach iawn. Dyna fraint yr ifanc. Ac mae ’na werth mawr i beth fel yna. Ond mi fydda i yn gofidio weithiau heddiw fod yna ymhlith rhai duedd i fod yn rhy negyddol yn eu beirniadaeth. Mae ’na duedd weithiau i fod yn rhy ffwndamentalaidd, i weld pethau yn ormod yn nhermau du a gwyn, ynte.”

YR IAITH AR DAITH

Roedd yr iaith ar waith—ac ar daith. Ac fel rhan o’r daith fe alwyd ym Mrynaman.

“Heddiw mae Radio Cymru yn dod o fewn clyw rhai miloedd o wrandawyr ychwanegol gydag agoriad trosglwyddydd Carmel. ‘Ryn ni’n estyn gwahoddiad cynnes i’r gynulleidfa newydd i ymuno â ni ar Radio Cymru ac i’w croesawu nhw’n arbennig mae Alun Williams, Hywel Gwynfryn a Gwyn Llewelyn yn disgwyl amdanon ni’n fyw o Neuadd yr Aelwyd Brynaman i ddweud, ‘Helo, Bobol Brynaman’.”

Ronnie Williams oedd y gwahoddwr. Ac Alun Williams wnaeth ategu’r croeso.

“Ag Helo Bobol i chi, ble bynnag y boch. Dyma ni yn Aelwyd Brynaman yn falch iawn o gael ehangu’n cynulleidfa heddiw. Y trosglwyddydd newydd wedi agor, yr Aelwyd gymharol newydd fel y mae hi nawr yn gartref i ni dros y bore ‘ma a ninnau yma yn griw bach cynnes iawn. A fe alla’i ddweud fod y tywydd yn

"Helo, Bobol Brynaman" - cyfarchiad Alun Williams.

gwella tu fas. Dyna fe, mae popeth yn gwella ym Mrynaman fel ma'r amser yn mynd yn ei flaen."

Roedd menyw yn byw yng Nghwman,
A lastig ei throwser yn wan;
Ond fe gerddodd drwy'r dydd
A'i throwser yn rhydd—
Roedd ei thin hi yn ddala fe lan.

Tom Daniel mewn sgwrs a Gwyn Llewelyn ym Mrynaman.

AR Y BÊL

Oherwydd y tywydd gwael bu'n rhaid gohirio drama Urien Wiliam, *Agi! Agi! Agi!* ym Mhontyberem. Ond fe gafwyd adloniant o fath tra gwahanol. Dyna'r penwythnos pryd y teledwyd *Grand Slam*. A'r diwrnod wedyn fe wireddwyd y gobaith oedd yn y teitl wrth i Phil Bennet, yn ei dymor olaf, arwain y fuddugoliaeth yn erbyn Ffrainc ar Barc yr Arfau. Daliwyd gwefr y funud fawr gan John Evans.

"Bastiat i ganol y lein, Rives yn ei chael hi nawr, ugain metr o'r ystlys bella, ddeng metr y tu allan i ddwy-ar-hugain y Cymry, dwy funud a hanner o'r amser sy'n cael ei ganiatáu am anafiadau'n cael eu chware, wedi cael eu chware. Jeff Squire i Gareth Edwards, ar hyd yr ystlys yma. Jean-Michel Aguire yna, ond doedd 'na fawr iawn oedd e'n fedru gwneud. Fe groesodd y bêl yr ystlys. Odi Alan Wellsby wedi chwythu? Odi! Mae'r gêm drosodd. Ac mae 'na filoedd, mae 'na filoedd yn rhedeg ar y cae."

Daliwyd gwefr buddugoliaeth Cymru gan John Evans

CYMRU WEDI LARU

Ar *Cyn Un* roedd William Owen yn ein hatgoffa fod streic yr athrawon yn parhau.

"Mae gweithred yr athrawon yn dechre dangos ei hôl. Mewn rhai ysgolion does 'na ddim cinio heddiw. Yn un o ysgolion Loughborough mae plant rhwng un-ar-bymtheg a deunaw oed ar streic. Fyddan nhw ddim yn mynd i'w gwersi nes cawn nhw ginio ysgol, medde nhw."

Llawer wedi laru ar streic yr athrawon. Ac yn ôl Emyr Daniel, o leiaf un wedi laru hefyd ar y ddadl am Ddatganoli.

"Cyn hanner-nos nos Fercher nesaf fe fydd y Mesur hwn o'r diwedd wedi gorffen ei ffordd drwy'r Senedd. Mae son fod 'na barti bach wedi'i drefnu yn y Swyddfa Gymreig i ddathlu'r achlysur. A phwy all eu beio nhw? Mae'r rhagolygon i Ddatganoli wedi bod i fyny ac i lawr fath a io-ios dros y blynyddoedd diwethaf 'ma. A nawr, wedi oriau maith o ddadlau a llawer iawn, iawn o ailadrodd fe fydd y ddau Fesur yn Ddeddf ac yn aros am ganiatâd pobol Cymru a'r Alban i'r Llywodraeth weithredu arnyn nhw.

"Os na cheir hynny, fe fydd amser hir yn mynd heibio cyn daw Mesur arall gerbron. Mae'r Datganolwyr a'r Gwrth-Ddatganolwyr bellach wedi syrffedu ar y dadlau. Ac fe fyddai ymgais arall i godi'r mater yn cythruddo llawer iawn o bobol tebyg i'r brawd hwnnw a ddywedodd, 'Every time I hear the words Scotland and Wales, I reach for my devolver'."

Roedd mwy fyth, a chydag achos teilwng, wedi laru ar fod yn ddiwaith. Roedd John Roberts Williams, yn ôl ei arfer, yn barod i ddadlau ar eu rhan.

"Mae'r Prif Weinidog newydd fod yn dathlu dros y Sul am well amodau i famau sy'n gweithio rhag i'w plant nhw ddiodde'n ormodol. Wel, mi awn i ymhellach nag o. Ydi hi'n rhaid i gynifer o famau weithio o gwbwl? Faint sy' 'na heb waith yn y wlad 'ma? Mae son bob dydd am golli gwaith. Dydd Llun, pymtheg-a-thrigain yn colli gwaith mewn siop fawr yng Nghaerffili. Ddydd Mawrth, tri-chant-a-hanner mewn siop setiau teledu yn Hirwaun. Ddydd Mercher, tân mewn ffatri ddodrefn ym Mhontardawe yn rhoi pump-a-deugain ar y clwt. Ddydd Gwener, pedwar-cant-ar-ddeg yn colli gwaith yng Nglyn Ebwy. A mamau nad yw'n rhaid iddyn nhw weithio yn gadael eu plant ar drugaredd cymdogion. Os oes gynnyn nhw rai."

Un arall oedd wedi hen flino ar y *status quo* oedd Hywel Teifi Edwards.

"Mi roedd hen fois y ganrif ddiwetha yn gofyn am gymorth y Llywodraeth. Mae'n bryd i ni beidio â gofyn. Mae'n bryd i ni hawlio. Ac mae'n bryd i ni ledu drwy'r gwledydd, os na ddaw, ein bod ni'n cael ein llywodraethu gan y pac o Philistiaid mwyaf di-raen a fu ar wyneb daear Duw erioed. Mae'n bryd i ni wneud. Ac ar ôl dweud hynna, a gwybod nad oes 'na lecsiwn yn dod am dair blynedd, dwi'n mynd i ishte lawr."

Roedd Emyr Daniel yn gwybod am rywun a oedd am estyn am ei 'devolver'.

"Bore da i chi, a chroeso i chi i rifyn arall o *Ar y Trywydd*. Ry'n ni wedi colli un gwrandäwr. Fe ddywedodd Tywysog Cymru ddoe ei fod e' wedi colli'r rhan fwyaf o'i Gymraeg. Ac mae hynny'n golygu nad yw'n medru deall y rhaglen. . .

"Mae Carl arall, y Doctor Carl Clowse yn y newyddion. Fe sydd y tu ôl i gynllun i wario £3000,000 o bunnau er mwyn sefydlu Canolfan Iaith yn Nant Gwrtheyrn. Mae'r *Herald Cymraeg* o'r farn mai rhyfedd yw'r ymdrech i rwymo'r traddodiad Cymreig wrth le diffaith fel Nant Gwrtheyrn. Ac fe ddywed yn farddonol besimistaidd, 'Cilfach anghysbell ac arswydus yng nghwmpeini'r gwningod a'r llygod a gwylain y môr. Y tebyg yw na syrth unrhyw aur ar Nant Gwrtheyrn ond aur y machlud'."

Handel Jones, *Ar y Trywydd.*

DINESYDD BODLON

Fe ysgrifennodd Siôn Eirian am *Bob yn y Ddinas*. Ac iddo ef, mewn sgwrs ag Emrys Jones, Caerdydd oedd canol y byd.

"Mae'n debyg mai mater o reidrwydd oedd e' yn y bon. Dod lawr yma i chwilio am waith achos mae unrhyw un sy' gweitho yn y theatr neu ar y teledu, yng Nghaerdydd mae'r gwaith i'w gael. Felly, mae 'na fewnlifiad o bobol sy'n gweitho ar y cyfrynge . A gan mai dyma fy maes i, dod lawr yma i chwilio am waith. Ond ar ôl cyrraedd, dw'i ddim yn gwybod, dechre dod i hoffi'r dre a theimlo 'mod i'n rhyw hanner-perthyn yn barod ar ôl tair blynedd. A hyd yn oed petawn i'n newid fy ngwaith, mod i'n mynd i weitho mewn ffatri neu rywbeth, fe fyddwn i isie aros yng Nghaerdydd.

"Mae 'na fwy nag un bywyd Cymraeg, ond oes? Y bywyd Cymraeg y byswn i yn ei ddarganfod yn naturiol yn fy ngwaith yw cymdeithas o bobol sy'n gweitho ar y teledu, cymdeithas y myfyrwyr, pobol own i'n nabod o'r blaen. Ond rwy'n treio amrywio 'mhatrwm a mynd i lefydd lle gallai gwrdd a phobol leol o Gaerdydd yn hytrach nag at y bobol sy' wedi symud fewn. Dyw rheiny ddim yn bobol sy'n siarad Cymraeg. Ond eto, mae 'na ymwybyddiaeth gref o Gymreictod yn eu plith nhw, diddordeb yn yr iaith."

Wrth iddo sgwrsio ag Emrys Jones, a oedd Siôn eisoes wedi derbyn yr amlen fach honno oedd yn datgelu iddo gyfrinach gyffrous? Fel hyn y clywodd gwrandawyr Radio Cymru'r newydd gan yr Archdderwydd Geraint Bowen.

"Enw'r bardd a anrhydeddir ydyw Siôn Eirian, Siôn Eirian o'r Wyddgrug ac o Gaerdydd."

Mewn sesiwn drafod yn ddiweddarach roedd gan fam Prifardd y Goron, Jennie Eirian Davies ateb parod i gwestiwn Gwyn Erfyl.

"Chi ddim yn disgwyl datganiad mawr, rwy'n siŵr. Popeth da sydd yn y dilyniant, mae e' wedi'i gael oddi wrth ei fam. Y pethe gwan 'ma oedd Elan yn son amdanyn nhw, ei dad i gyd."

RHOI STAMP AR Y POST

Roedd hon yn flwyddyn a esgorodd ar *Y Post Prynhawn*. Y gŵr a ddewiswyd yn gyflwynydd oedd Gareth Glyn.

"Trwy lawer iawn o gyd-ddigwyddiadau ffodus fe ges i'r swydd o'i chyflwyno hi. Achos oeddwn i wedi bod yn meddwl sawl tro, rown i eisiau dechrau teulu, a rown i eisiau dwyn y teulu fyny yn y gogledd, ynte, achos dyna lle mae tarddiad Eleri'r wraig a minnau. Ac roeddwn i'n chwilio am ffyrdd o wneud hyn. A rwy'n cofio'r sgwrs yn iawn. Fe ddwedwyd wrtha'i , 'Wel yli, ry'n ni'n bwriadu dechra rhaglen ddyddiol i ddŵad o Fangor. Fysa ti'n leicio'i chyflwyno hi?

"Wel, roedd hyn fel manna o'r nefoedd. 'Iawn, grêt,' medda fi. Fe fu'n rhaid i ni ddechra'r rhaglen yng Nghaerdydd am ryw ychydig rifynnau. Ond ar ôl tipyn wedyn, o Dachwedd '78 ymlaen, o fan hyn, lle dwi'n eistedd rŵan, mae'r *Post Prynhawn* wedi dod byth ers hynny.

"Dw'i ddim yn cofio rhyw lawer iawn am y rhaglen gyntaf. Ond roedd y cynhyrchwyr bryd hynny, Brian Griffiths a Siôn Pyrs, isio denu'r math ar wrandäwr na fysa, fel arfer, yn gwrando ar raglenni Cymraeg. Ac am y rheswm hynny roedd yna nifer o recordiau yn y rhaglen, rhai ohonyn nhw yn Saesneg, oedd yn destun gryn dipyn o gwyno yn y wasg a hyd yn oed mewn rhaglenni fel *Wythnos i'w Chofio*."

Yn wahanol i *Disco Dei*, doedd *Y Post Prynhawn* ddim yn gwrthod recordiau Saesneg.

Ond gwrthod chwarae record Saesneg wnaeth Hywel Gwynfryn pan ofynnodd un o'r gwrandawyr iddo wneud. Ac awgrym Hywel, yn ôl y colofnydd crafog Charles Huws yn *Y Faner*, oedd i'r gwrandäwr gysylltu â'r *Post Prynhawn*. Eu bod nhw'n fodlon gwneud yn fanno.

Mae'n ei chroesi hi'n uchel, Dacey amdani, Dwyer amdani hi. Ac mae'n ei phenio hi lawr. Ac mae hi'n gôl i Gymru! Ac mae hi'n gôl i Gymru! Pedwar munud ar hugain a hanner o'r ail hanner!

R. Alun Evans.

Be' ddwedodd Mike Smith pan gurodd Cymru Dwrci o un gôl i ddim?
Wel, dyna'i chi gobl-yn o gôl dda.

Pupur a Halen.

1979

LLENWI'N TROWSUSAU

Fe broffwydodd *Madam Sera* yn gywir wrth Hywel Gwynfryn ar ddechrau'r flwyddyn newydd y byddai Mrs Thatcher yn cyrraedd Rhif 10 Stryd Downing. Fe welodd hefyd, yn ei phelen risial, adeilad mawr gwag yn Nociau Caerdydd. Ac roedd hi'n iawn. Fe aeth y Ddynes Haearn i Rif 10. A gwag a fu'r adeilad mawr yn Nociau Caerdydd.

Ac i John Roberts Williams wrth edrych dros ei sbectol roedd ffair y Refferendwm drosodd a'r cur pen yn aros. "Dydan ni ddim yn y ddrama rŵan. Fe wnaethon ni lond ein trowsusau."

Streic loriau, streic mewn ysbytai, streic mewn ysgolion. Ac fel petai hynny ddim yn ddigon fe ddaeth yr eira mawr a'r wlad i ffwl stop. Fe fethodd R. Alun Evans a chyrraedd Bethesda oherwydd y tywydd. Ac am yr un rheswm fe fethodd a chyrraedd Llangwm.

Do, fe gipiodd ein tîm rygbi cenedlaethol ei bedwaredd Coron Drifflyg yn olynol. Ond dim ond cael a chael fu hi yn erbyn Rwmania. *Ar Hawl i Holi* fe ofynnodd J.R.Edwards o Faesteg, "A yw'r ysfa wallgof am rygbi yn arwydd ein bod ni yng Nghymru wedi colli'r aeddfedrwydd a arferai berthyn i ni fel cenedl?"

Ond onid gêm oedd datganoli? Y darlun a welodd I.B. Griffith ar y chwiban olaf oedd Kinnock ac Abse yn dawnsio ar fedd y genedl. A hynny er gwaethaf anogaeth Caryl Parry Jones ar *Sosban* Richard Rees ar i bawb ddweud "Ie" dros Gymru.

Ymdrechais yn hir am wythnosau
I geisio gwneud lles i'r hen wlad;
Yn erbyn pob Kinnock ac Abse
Yn erbyn pob cachgi a brad.
Ie dros Gymru . . .

"Mae Cymru wedi gwrthod y Cynulliad o bedwar i un," meddai R.Alun Evans mewn adroddiad wedi'r cyhoeddiad. "Y cyfanswm o'r rhai a bleidleisiodd yn erbyn oedd 956,330. O blaid, 243,048. Dim ond 59 y cant o'r etholwyr a welodd yn dda i fwrw eu pleidlais. Roedd yr wyth sir yng Nghymru'n gytun—dim cynulliad. Fe ddaeth y cyfartaledd uchaf o blaid, yn ôl y disgwyl, o Wynedd. Daeth y cyfartaledd isaf o Went. A doedd hynny chwaith ddim yn annisgwyl.

Canu dros Ddatganoli. Caryl, gyda Hywel Gwynfryn.

"Os yw Refferendwm yn broses ddemocrataidd, yna fe ddewisodd 950,000 o bobol Cymru wrthod y syniad o gael Llywodraeth yn nes at y bobol. Yn yr Alban, lle'r oedd 12 o siroedd, roedd chwech o blaid a chwech yn erbyn. Roedd yna fwyafrif o blaid Cynulliad yn yr Alban, 33 y cant o blaid a 31 yn erbyn. Ond dyw'r ganran o 33 y cant ddim yn cyfateb a'r 40 y cant oedd ei angen i sicrhau cynulliad yn y wlad honno.

"Ac i'w gwestiwn beth oedd wedi digwydd i radicaliaeth Cymru, doedd gan Elystan Morgan, Cadeirydd yr Ymgyrch 'Ie' ddim amheuaeth wrth ateb: "Ofn. A 'dw i'n credu fod yn rhaid i ni edrych ar yr ofn hwn ac edrych arno fe bron fel petai e'n rhyw fath o sefydliad. A mae'n rhaid i ni ei ddeall a'i ddadansoddi a'i ymladd. Mae hwn wedi bod gyda ni ers cannoedd o flynyddoedd. Mae yna nerthoedd dewr ac anrhydeddus yng Nghymru a ellid, o'u harwain yn iawn, eu datblygu. A'u datblygu er lles y bobol yn gyfan gwbwl ac er lles Prydain.

"Ond mae yna geidwadaeth ofnus, lwfr. A'r peth rhwyddaf yn y byd yw apelio at honno. 'Dyn ni'n galler bod yn bobol ddewr. Ond dweud ydw i ei bod hi'n bosib i chi gythruddo cenedl y Cymry i ofnadwyaeth. A 'dyn ni'n gwneud rhai o'r pethe mwyaf dwl ar wyneb daear."

Er y siom, roedd gan John Roberts Williams air o gysur. "Peidiwch â phoeni. Fe fydd tîm pêl-droed Wrecsam yn cael dal i chwarae yng Nghynghrair Lloeger. Fydd yna ddim rygbi bob nos ar setiau teledu Gwynedd. Fydd hi ddim yn rhaid i hen greaduriaid o'r Rhondda fynd bob cam i Gaerdydd i nôl eu pensiwn. Fe gaiff y ddynes honno o Glwyd ddal i fynd i weld ei merch yn Amwythig—heb orfod cael pasport."

Dim angen yr adeilad mawr hwnnw yn y dociau, felly, fel y proffwydodd *Madam Sera*. Roedd hynny yn rhoi arwyddocâd ychwanegol i gân Y Trwynau Coch y flwyddyn honno, *Ti byth yn mynd i golli be' ti byth wedi'i gâl.*

Cloch y ffôn yn canu.

"Hylo, Sarjiant Huws yn siarad."

Clywch, mae isio'ch help chi ar frys. Mae yna ddynas yn y siop yma'n dechra dinoethi ei hun."

"Dinoethi? Dudwch wrtha i, be' di dinoethi, dudwch?"

"Tynnu ei dillad i ffwrdd a dangos . . . "

"Ia, ia, dw'i efo chi rŵan . . . "

"A mae hi'n tynnu sylw'r staff i gyd, chi'n gweld, ac yn y cyfamser mae 'na rai eraill yn dwyn o'r siop yma."

"Ylwch, mi anfona'i P.C.Jones i fyny rŵan. . . Dynas ifanc 'ta hen ydi hi?"

"O, tua pump-ar-hugain, fallai."

"O, mi ddo'i fyny fy hunan. Mi fydda'i yno mewn dim. Pa siop ydi hi?"

"Wel, Siop y . . . Tethe."

Criw *Pupur a Halen.*

HALLTU'R ARLWY

Fe symudodd R.Alun Evans o'r de i'r gogledd i fod yn Bennaeth Darlledu ym Mangor wrth i Meirion Edwards, y Golygydd newydd fynd i Gaerdydd. Ac wrth gwrs, roedd e'n ymwybodol iawn o'r traddodiad o ddarparu adloniant yn yr ardal.

"Mae yna draddodiad o ddrama wedi bod ym Mangor ers y pumdegau cynnar, beth bynnag, John Gwilym Jones ac wedyn Wilbert Lloyd Roberts yn gynhyrchwyr dramâu radio. Mae'r traddodiad yna wedi bod yn gryf. Adloniant o gyfnod y *Noson Lawen* a *Chamgymeriadau* ymlaen.

"Ond yn sydyn roedd y cyfan yn digwydd gyda'i gilydd. A nawr 'rych chi'n cael yr adran rhaglenni cyffredinol yn cynhyrchu pethe fel *Pupur a Halen*. Rhaglen ddychan. A mi roedd honno'n ardderchog. Mi roedd hi'n hwyliog, mi roedd hi'n grafog a phobol yn ei chael hi nes eu bod nhw'n llyfu'r llawr. Ond doedd e' ddim yn cael ei wneud yn ddichellgar. Ac wedyn mi fydde yna gymeriadau. A mi oedd y rhain yn dod fel yn nyddiau *ITMA* a'r adloniant Saesneg. Mi oedd Ifan Hendri on parêd a'r Hen Ddyn Budur a'r gwahanol gymeriadau oedd yn perthyn i *Pupur a Halen*. Mi oedd pobol yn uniaethu ac yn edrych ymlaen i weld beth fydde gan y rhain i'w ddweud yr wythnos nesaf."

Yng ngofal y sioe oedd Alwyn Samuel, Lyn Jones ac Ifan Roberts. "Y teitl i ddechra," medd Ifan. "Roeddan ni'n chwilio am rwbath fydda pobol yn cyfeirio ato fo bob dydd. Ac yn ystod yr awr ginio, pan fydda chi'n gwrando ar hwn, mi roedd yna bupur a halen ar eich bwrdd chi mewn mwy nag un ystyr. Felly fe fydda ni'n cychwyn o fanno ac elfen o ychydig bach o'r pupur ac ychydig bach o'r hallt yma a thraw. Y syniad yn wreiddiol oedd ein bod ni'n arolygu'r wythnos a mi fydda chi'n synnu o gofio'r fformat fel oedd hi nes ymlaen. Fe fuodd hi yn rhaglen oedd yn cynnwys adolygu ffilm a theatr. Adolygiad o lyfr clawr meddal bob wythnos. Roedd Philip Wyn Jones yn gwneud y ffilmiau bob wythnos. A theatr a'r celfyddydau oedd y drydedd elfen. Ac wrth gwrs wedyn, rhwng y rhain i gyd, roedd yna sgetshus oedd yn rhyw dynnu coes am ddigwyddiadau'r wythnos yng Nghymru ac yn fwy eang o gwmpas y byd."

Tudwal Roberts oedd y peiriannydd sain a'i fwynhad mawr ef o gael gweithio ar y rhaglen oedd, "Tynnu'r byd yn rhacs. Mi oedd yna bobl yn sgwennu'n dda. Rhyw sgetshus bach byr gydag ergydion. Ambell i ergyd at waed, ynte. Roedd ddim jyst pobol y Llywodraeth yn ei chael hi. Roedd pobol eraill yn ei chael hi hefyd. Ambell i gic yn din weithia. Ac mae eisia hynny weithia."

Ser y rhaglen oedd Falmai Jones a Dyfan Roberts. Y naill oedd y pupur a'r llall yr halen.

"Mi oedd Dyfan Roberts yn rhyfeddod y rhyfeddodau," medd Ifan Roberts.

Cyflwynydd cyntaf *Pupur a Halen* oedd Lyn Jones.

"Roeddan ni, wrth recordio gyda Dyfan, yn marw chwerthin y tu ôl i'r gwydr achos roedd o'n dod ag ambell elfen oedd yn ymestyniad o'r cymeriad gwreiddiol. Dw'i ddim yn siŵr pa sawl gwaith yn ei fywyd mae Sulwyn wedi dweud, "Ben-digedig!". Ond mi ddefnyddiodd Dyfan y gair Ben-digedig! A mi lynodd y gair bendigedig un ai hefo'r dynwarediad neu hyd yn oed hefo Sulwyn ei hunan. Ac yn yr un modd roedd o'n dynwared Hywel Gwynfryn, llais oedd ar y radio bob dydd.

"Mi oedd y rhaglen yn fyrrach yn y cyfnodau mwy diweddar. Felly mi oeddan ni'n medru gwneud i'r sgetshus redeg o un i'r llall heb gyflwynydd. Y cyflwynydd cynta oedd Lyn Jones, a ddaeth yn ddiweddarach yn Olygydd Radio Cymru. Ond pan ddaeth y gyfres yn fwy derbyniol—chafodd hi ddim lot o dderbyniad gan rai—yn ei diwrnod cyntaf mi ges i alwad ffôn eitha milain gan rywun oedd yn cwyno na fasa'r fath beth wedi digwydd yn nyddiau Sam Jones. Wrth gwrs, mae'n rhaid gen i ei fod o'n iawn.

"Un elfen ddifyr iawn oedd ein bod ni, am unwaith, yn y Gymraeg yn tynnu coes trwy ddynwared rhai o raglenni'r BBC ei hunan. Er enghraifft, os oedd yna stori am blismyn yna fe fydda ni'n defnyddio fformat rhaglen fel *Glas y Dorlan* fel bod pobol yn gwybod yn syth mai sefylla am blismyn neu dor-cyfraith oedd hi.

"Wedyn roedd yn rhaid cael cymeriad i gyflwyno'r stori. Er enghraifft, os oedd yna stori am Fwrdd yr Iaith, neu unrhyw beth yn ymwneud â'r iaith, Quentin a Myfanwy fyddai'n cyflwyno. Rhywbeth ynglŷn â'r fyddin, ag Ifan Hendri fydda'n gwneud hynny. Rhywbeth amheus, o dudalen tri y *Sun*, wrth gwrs, yr H.Dd.B. oedd yn gwneud hynny. Felly fe fydda ni'n treio gweithio'r cymeriadau i gyflwyno'r storïau. Oedd pobol yn dechra mwynhau a'u leicio nhw. Roedd gwragedd tŷ parchus, canol oed wrth eu bodd gyda'r Hen Ddyn Budur—ac yn ei gasáu ar yr un pryd."

Fe ddaeth Etholiad Cyffredinol 1979. Fe ddenodd y ceidwadwyr 250,000 yn fwy o bobol Cymru i'w rhengoedd. Fe gollodd arweinwyr Plaid Cymru a'r Rhyddfrydwyr, Gwynfor Evans ac Emlyn Hooson eu seddau. Ac Elystan Morgan yn cynnig camu i esgidiau Cledwyn Hughes ym Môn. Ond bargyfreithiwr ifanc dibrofiad o Brighton, Keith Lander Best, oedd orau gan y Monwysion. Ond roedd yna etholiad ychwanegol yng Nghymru yn 1979.

Llofruddio Iarll Mountbatten. Y Pab yn ymweld ag Iwerddon. Terry Griffiths yn ennill pencampwriaeth snwcer y byd. A gwelwyd Mr Urdd am y tro cyntaf yn nathliadau'r mudiad yn 50 oed.

Falmai Jones, cyd-seren cyfres ddychan Radio Cymru, *Pupur a Halen*..

TARO TANT, OND AT DDANT?

Clywyd Garry Owen am y tro cyntaf ar Radio Cymru—nid fel cyflwynydd ond fel canwr ar *Sosban* yn cael ei holi gan Eurof Williams yn Haf '79. Ei gyflwyniad—Cân y Morwr a ganodd yn yr Eisteddfod Ryng-golegol ym Mangor.

Erbyn mis Tachwedd roedd yr Iaith ar Waith, a'r gwaith oedd llenwi 65 o oriau bob wythnos. Tasg Meirion Edwards oedd cynnig rhywbeth at ddant pawb

"Wel, mae hyn yn broblem oherwydd un gwasanaeth sy' ganddon ni sy'n gorfod cwmpasu pob math o chwaethau. Y tric, mewn gwirionedd, yw ceisio creu cynllun o raglenni a rhywbeth ynddo fe sy'n apelio at bob math o chwaeth."

Doedd yr arlwy newydd ddim yn plesio pawb. Yn ôl un llythyrwraig ar *Carreg Ateb*, "Mae gwrando ar Radio Cymru mor gyffrous â phythefnos yn Sain Ffagan. Heblaw am *Sosban*, sy'n darparu ar gyfer pobol coleg yn unig erbyn hyn, beth bynnag, nid oes un rhaglen yn talu'r un iot o sylw i chwaeth bobol ifenc o ddeunaw i ddeg-ar-hugain oed. Os yw'r iaith yn mynd i fyw rhaid wrth fwy o raglenni i ysgogi diddordeb yr ifanc. Y nhw a'u plant yw gobaith y dyfodol. Ac mae ganddyn nhw eu chwaeth a'u diddordeb eu hunain bellach, diolch byth. Pam y'ch chi, gwrws Radio Cymru, yn dewis anwybyddu'r newid yma? Ofn efallai? Neu methu deall, hwyrach? "

Eithr nid yw Radio Cymru yn fawr gwell. Boddir bron pob darlledaid gan recordiau, recordiau o hyd. A'r fath recordiau. A siarad o'm rhan fy hun, nid wyf am wrando, er enghraifft, ar osodiadau tila o 'Tylluanod', 'Creigiau Aberdaron' a'r 'Llanc Ifanc o Lŷn' a'r rheiny, eto fyth, wedi'u mwrdro gan 'fampio diystyr y cyfeiliant piano. Does dim sy'n fwy arteithiol na chamdrin barddoniaeth.

I. C. Peate, *Y Faner* Medi 7fed.

"Roedd o'n gyfnod gwallgof. Ond roedd o'n gyfnod zany, whacky a roedd rhaglenni fel *Tiswas* yn mynd allan, yr elfen gyflym, ymfflamychol, bron, o siarad a chyflwyno rhaglenni. Ond dwi'n meddwl ar y pryd, ar y radio'n sicr, roeddan ni'n torri tir newydd, falla.

"Mae gwrandawyr *Ribidirês* bellach wedi tyfu fyny ddigon i ddeall mai rhyw offeryn oedd Waltyr Trafolta, rhyw 'duck-call' oedd o. Roedd yr ymateb bob amser yn dda. Roedd yna wastad lu o gyfarchion, llu o blant yn ffonio i mewn—cannoedd, miloedd o blant yn ffonio'i mewn i'r cystadleuthau. Roedd hi hefyd yn rhaglen sgwrs fyw ar y ffôn gyda phlant. Rown i'n mwynhau'r elfen yna'n ofnadwy. Dydi chi byth yn gwybod be' mae plant yn mynd i'w ddweud yn fyw ar y radio. Weithiau mi oedd rhai yn dweud petha digri iawn"

Cefin Roberts, cyflwynydd *Ribidirês.*

Mi freuddwydiais am Nadolig tawel,
Ond bore heddiw yn fy sach,
Cefais radio'n anrheg a nawr sdim gosteg
Mae yr Iaith ar Waith, o bobol bach . . .

O, bobol bach, bobol bach, VHF i chi,
Saith tan wyth ac wyth tan naw bob brecwast, fi a chi;
O, bobol bach, bobol bach, darlledu ddaeth i fri,
A'r un sy'n llywio'r cwch i'r dwfn yw'n Hywel dawnus ni . . .

Hyw-el, Hyw-el, Hyw-el, Hyw-el,
Ceiliog y Cymry a'i odlau yn swel;
Hyw-el, Hyw-el, Hyw-el, Hyw-el,
Brenin y radio a'r teli 'as well'."

Cefin Roberts.

1980

TANIO'R DYCHYMYG

"Dw' i'n credu mai un o wyrthiau trothwy'r wythdegau yw Radio Cymru. Ac mae e'n codi calon dyn wrth feddwl am y frwydr hir ynglŷn â theledu Cymru."

Datganiad ysgubol, nid gan un o brif swyddogion y BBC ond gan y Dr John Davies ar raglen drafod ar Radio Cymru.

Taro nodyn o rybudd wnaeth John Roberts Williams ar drothwy'r degawd newydd gan ein hatgoffa mai'r Hen Wyddeles oedd yn dal wrth y llyw.

Diweithdra oedd yn poeni Ann Clwyd wrth ymateb i'r ystadegau diweddaraf.

Ond cwyn am i Gymru anwybyddu un o'i harwyr mawr gafodd Martyn Williams a Menna Gwyn ar *Carreg Ateb*, cwyn oddi wrth Rhian Hughes o Gastell Nedd.

"Synnaf at y ffaith nad oes yna lawer iawn o sylw wedi ei roi ar y teledu na'r radio i un o'n harwyr mwyaf enwog yng Nghymru. Cyfeiriaf at Guto Nyth Bran, y rhedwr cyflym o Forgannwg. Pam ych chi'n gadael shwt achlysur i fynd heibio heb unrhyw sylw o gwbwl? Dyma un person o leiaf y gallwn ymfalchïo ynddo."

Roedd ymateb Martyn yn fyr ac yn sinigaidd.

"Guto Nyth Bran, myn brain i. Os ydych chi'n credu'r stori am yr hen degell 'na, fe gredwch chi unrhyw beth."

Ac fe ddatgelodd Martyn hefyd fod Geraint Howells, Aelod Seneddol Ceredigion yn cynnig oen cyfan am ddau docyn rygbi i weld Cymru yn chwarae yn Nhwickenham. Ond fel y'n hatgoffwyd ni, mêêê-thu wnaeth Cymru o naw pwynt i wyth.

Yn ystod y gêm honno fe ddanfonwyd Paul Ringer bant o'r cae gan y dyfarnwr, David Burnett. Ond roedd gan Carwyn James eiriau hallt wrth ymateb i hyn ar Radio Cymru yn ddiweddarach.

"Rwy i'n credu mai'r wasg sydd wedi ennill yn y diwedd oherwydd mae'r frwydr seicolegol yma wedi cael ei hymladd yn ystod y pythefnos diwetha. Cryn dipyn o son wedi bod ar y teledu a Fleet Street, yn arbennig, wedi bod yn ysgrifennu erthygl ar ôl erthygl. A does gen i ddim amheuaeth o gwbwl fod David Burnett wedi cael ei roi dan bwysau gyda'r hyn a sgrifennwyd oherwydd, fyddwn i'n dweud, bob amser fe ddylai dyfarnwr o leia ddweud wrth unrhyw droseddwr, 'Wel, gan bwyll nawr.' Roedd tri phwynt, rwy'n credu, yn y fan yna'n ddigon. Petai e'n troseddi'r eilwaith, wel, popeth yn iawn bod e'n ei ddanfon e' o'r maes. Ond nid am y drosedd gyntaf."

Radio Cymru - un o wyrthiau'r wythdegau, medd y Dr John Davies.

Brawychwyd ni oll pan gyhoeddodd John Evans ychydig funudau'n ddiweddarach fod Ringer wedi derbyn y 'gosb eithaf'am ei gamweddau. Dere mlân, John, mae pawb y dyddiau hyn yn haeddu Treialon Teledu cyn ei anfon i'w grogi.

Charles Huws, *Y Faner*.

Gŵr addfwyn wedi'i wylltio - Carwyn James.

TWRW TANLLYD

Enillydd *Cân i Gymru* oedd Seren Tan Gwmwl yn cael ei chanu gan Plethyn. Ond roedd cân arall a ganwyd ganddynt yn yr un gystadleuaeth yn fwy arwyddocaol i'r amserau, Tân yn Llŷn.

Roedd 18,000 o dai haf yng Nghymru erbyn 1980. Ond golwg grafog, yn ôl eu harfer, roddodd criw *Pupur a Halen* ar y llosgi.

"Yn ein stiwdio ni yn Llunden, yn edrych mor flin ag erioed, mae Mr Wyn Roberts. Croeso i *Heddiw*, Mr Roberts."

"Diolch yn fawr."

"Fel y Gweinidog sydd â chyfrifoldeb am dai yng Nghymru shwt y'ch chi'n ymateb i'r adroddiad y bydd yna fwy a mwy o dai haf yng Nghymru yn y dyfodol, Mr Roberts?"

"Mi fyddai'n ymateb yn fy null arferol. Pa adroddiad? Pwy sgrifennodd o? Cenedlaetholwyr cibddall, mwn?"

"Nage, Mr Roberts. Y Cynghorau Dosbarth."

"Fflamia! Wel, fel y gwyddoch chi mae hwn yn bwnc llosg tu hwnt. A fyddwn i ddim yn dymuno neidio o'r badell i'r tân. Mae yna ormod o wres yn y sefyllfa bresennol i ni gael trafodaethau synhwyrol."

Yn gynnar ar Sul y Blodau roedd Radio Cymru ar dân gyda'r newydd fod 102 wedi'u harestio fel rhan o Operation Tân fel rhan o'r ymchwiliad i'r ymgyrch losgi tai haf.

Fel 'di chi'n gwybod, yn y Senedd does gynno chi ddim hawl i gymeradwyo. Ac mae'n rhaid i chi ddweud, "I-e-e, I-e-e" Pan fo chi'n dweud "Ie-e-e, I-e-e" felna mae 'na un arall yn dweud, "O-dah! O-dah!" Ac mae hwnnw yr un enw a fi ond dyw e' ddim yn perthyn. Pan y'ch chi'n mynd mewn at y dyn hwnnw mae e'n eistedd ar ei din ar ei gadair. Ac 'rych chi'n gorfod bowio am ei fod e' yno ar ran y Cwîn, neu'r Brenin neu bwy bynnag sydd yno'n wastio'n harian ni ar y pryd. Chewch chi ddim mynd mewn os nad ych chi'n bowio iddo fe.

Wel ran, pan es i mewn yno gynta, Dafydd Wigley a finna, ac yn bowio iddo fo, wel dyma'r cyfaill yma, George Thomas yn dod aton ni ar ôl ychydig wythnosau ac yn dweud, "Wel, I'm so glad to see you boys coming in 'ere."

"Diawl," medda fi, "does bosib fod hynny'n wir." A dyma oedd yr ateb.

"Well, its so nice to see you nationalists 'aving to bow to me."

Dafydd Elis-Thomas ar *Dyfal Donc.*

SIANEL GYMRAEG YN AWR!

Ym Mai roedd Mesur y Bedwaredd Sianel i'w gyhoeddi. Wedi protestio ledled Cymru dros y sianel daeth yr her fawr i'r Llywodraeth gyda phenderfyniad Gwynfor Evans ym mis Mai i beryglu ei fywyd ei hun gyda'i brotest. Sulwyn Thomas wnaeth ofyn iddo am ba hyd y byddai'n barod i ymprydio?

"Dwi'n dweud fy mod i'n mynd i ymprydio nes bod y Llywodraeth yn ildio y polisi hwn. Mae'n rhaid i ni gael gwasanaeth teledu Cymraeg. Ac ystyr gwasanaeth yw ein bod ni'n cael bloc o oriau, ar yr oriau brig, wrth gwrs, rhwng chwech o'r gloch a hanner-awr wedi naw y nos. A bydd pawb yn gwybod fod yna raglen Gymraeg i'w chael os byddan nhw'n tiwnio'i mewn bryd hynny."

Ar y *Post Prynhawn* fe gafodd Gareth Glyn brofiad uniongyrchol o wahanol ymateb gwahanol bobl.

"Mi oeddwn i wrthi'n holi rhyw ddyn a doedd y sgwrs ddim yn mynd yn rhyw dda iawn. Doeddwn i ddim yn dallt llawer am beth oeddwn i'n siarad amdano fy hun. Ac roedd y gŵr oeddwn i'n ei holi hwyrach yn ymdeimlo â hynny. Ac roedd y sgwrs braidd yn sych ac yn ara deg. Ac yn sydyn mi ddaeth criw o Gymdeithas yr Iaith i mewn yn cario baneri. 'Sianel Gymraeg yn awr! Sianel Gymraeg yn awr!' Yr hyn oedd mor ddigri, wnaeth y dyn ddim hyd yn oed troi. Rwy'n cofio eistedd fanna a dal i siarad, am wn i, ac roedd pawb wedi synnu.

"Doeddwn i ddim yn gwybod sut oedd y criw wedi dod i mewn. Ond ar ôl i'r cyhoedd glywed Cymdeithas yr Iaith yn galw 'Sianel Gymraeg yn awr' rhyw ddwy waith fe wnes i gau'r 'fader' bach sydd yn cario'r swn. Ac, wrth gwrs, mi oedd yn rhaid eu hel nhw o yno. Ond beth oedd mor ddigri ynghylch y peth oedd—roedd y criw, wrth gwrs, o ddifri ac eisio cael eu clywed, a mi lwyddon nhw gael eu clywed—ond petawn i wedi rhagweld y basa rhywbeth fel hyn yn digwydd fe fyswn i wedi disgwyl y byswn i wedi neidio'i fyny a rhedeg o gwmpas a fasa'r dyn wedi cael braw. Ond roedd o fel petai neb wedi dod i mewn. Roedd y peth yn ddigwyddiad fath a rhith-weledigaeth mwyaf od."

MYND YN BANANAS

Yn Nyffryn Lliw y cynhaliwyd yr Eisteddfod Genedlaethol. Ac fe logodd Y Trwynau Coch gwch banana yn nociau Abertawe i gynnal sesh anferth.

Fe ddaeth yna gwynion am fod yr Eisteddfod ei hun, fel rhyw gwch banana, yn symud o fan i fan ac yn gwastraffu arian drwy wneud hynny. Un o'r rhai fu'n feirniadol ar Radio Cymru oedd Cynog Dafis.

"Mae hi'n sefyllfa afiach iawn lle mae galw parhaus am ddegau o filoedd o bunnau—mae'r arian i gael—ond mae e'n beth seicolegol sy'n ddrwg i agwedd

Fe ddarparodd Menna Gwyn "gerddoriaeth i fenywod sy'n smwddio".

pobol at y Steddfod bod yna son o hyd am y peth yn mynd o un argyfwng ariannol i'r llall. Ond rwy i yn meddwl fod yna resymau eraill da iawn dros roi'r Eisteddfod mewn un lle. Rydw i yn meddwl fod eisie i'r Steddfod i shrinco mewn pwysigrwydd. A rwy'n meddwl fod y Steddfod yn llawer rhy ganolog i'n bywyd ni fel cenedl Gymraeg. A rwy'n credu y bydde'n beth iachus iawn petai e'n cael ei roi mewn cae rhywle yng nghyffinie Aberystwyth fel ei fod e'n cael ei roi yn dwt yng nghornel ein bywyd cenedlaethol ni lle mae'i le fe."

Roedd cerddoriaeth, yn arbennig y math ar gerddoriaeth a geid yn *Gwynfyd* gan Menna Gwyn, yn lleddfu ac yn tawelu pob ffrwgwd. Ac fe esboniodd Menna ei hun sut fath ar gerddoriaeth y byddai hi'n ei chwarae.

"Miwisig canol y ffordd odd e'. Rhywbeth fel Herb Alpert a James Last a James Galway a Richard Clayderman. Rhywbeth hawdd i wrando arno fe, rhywbeth fydde menywod odd yn smwddo gartre neu'n golchi'r llawr yn gallu'i wneud e'n rhwyddach wrth wrando arno fe."

Tybed ai cerddoriaeth dyner Menna Gwyn wnaeth feddalu'r Hen Wyddeles, chwedl John Roberts Williams? Er iddi gyhoeddi "U-turn if you want to. The lady's not for turning," newid ei chân wnaeth hi a gwneud tro pedol ar fater y Sianel Gymraeg, a hynny cyn Hydref 6ed, y dyddiad oedd Gwynfor Evans wedi ei bennu fel cychwyniad ei ympryd. Anfarwolwyd y digwyddiad gan Dafydd Iwan. Ond gwaharddwyd ei record gan y BBC.

Mewn sgwrs a John Roberts Williams roedd golygydd *Y Faner,* Jennie Eirian Davies yn condemnio'r gwaharddiad. Ond nid am fod Dafydd yn cael cam. I'r gwrthwyneb. Teimlo oedd hi fod hyn oll yn gam arall at amddiffyn targedau Cymreig a oedd yn haeddu bod yn destunau dychan.

"Braf yw hi ar y garfan sefydliadol Gymraeg yma, felly, pan ych chi'n cael rhyw 'cotton wool' rhyw wlân amdanoch chi yn eich amddiffyn chi. Ond fe allwn ni fel Cymry gael ein hamddiffyn yn ormodol. . . A fe fyddwn ni farw y tu fewn i'r 'cotton wool'."

CYRRAEDD Y CANT

Fe aeth Callaghan ac fe ddaeth Michael Foot. Fe ddathlodd Undeb Rygbi Cymru ei ganmlwyddiant ac ar fore'r gêm fe ddarlledodd Radio Cymru raglen arbennig. Arni bu Gareth Davies, a fyddai'n cael ei benodi yn bennaeth yr adran chwaraeon yn Llandaf, yn mynegi ei deimladau.

"Mae'n neis chwarae i Gymru rywbryd. Ond mae'n bwysig y flwyddyn yma. Felly mae llygaid y byd arnon ni y flwyddyn yma. A chael y gêm yma yn erbyn y Crysau Duon. Dy'n ni ddim wedi'u maeddu nhw ers dros ugain mlynedd a dwi'n meddwl fod pawb yn mwynhau cael buddugoliaeth dros y Crysau Duon."

Bu Gareth Davies yn dathlu pen-blwydd canrif o rygbi.

Ac fe gafodd arch-sylwebydd rygbi Cymru, Huw Llywelyn Davies ddweud ei ddweud hefyd.

"A dyma ni wedi cyrraedd heddi, gant yn gwmws union wedi'r geni. Heddi fydd uchafbwynt y dathlu, wrth gwrs, y gêm fawr yma'r prynhawn yma yn erbyn Seland Newydd.

"Wrth edrych yn ôl dros y blynyddoedd mae 'na lawer iawn, iawn o ser na soniwyd amdanyn nhw. Ond diolch iddyn nhw i gyd am eu cyfraniad.

"Ac wrth ddathlu heddi, beth am godi'r bys bach, gan ddymuno pob hwyl i dîm Steve Fenwick am y gêm fawr. Wadwch nhw, bois. Hwyl hefyd i'r Undeb am y can mlynedd nesa."

Colli fu hi o 25 pwynt i dri.

O Gymry Cymraeg, 41 y cant yn gwrando ar raglenni Cymraeg bron iawn bob dydd. Llawer iawn mwy na hynny yn gwneud hynny'n achlysurol.

Emyr Daniel

Enillion o ran nifer gwrandwyr i Radio Cymru. Ond fe fu 1980 yn flwyddyn o golledion, adref a thu hwnt. Bu farw Johny Owen, y bocsiwr o Ferthyr. Huw Griffith, yr actor o Farian-glas. Yr arloeswr mawr hwnnw, Aneurin Talfan Davies. A Charadog Pritchard. Bu farw hefyd Peter Sellers, Mae West, Steve McQueen a John Lennon.

Fe grynhodd John Roberts Williams y flwyddyn.

"Beth sydd yna ar ôl i'w ddweud, ynte? Mae'r hen gnawes, yr hen flwyddyn yma drosodd, bron iawn a ninnau ddim nes i'r lan. Yn wir, yn ddyfnach yn y gors a'r ystadegau'n cyhoeddi dridiau o flaen yr ŵyl fod yna ddwy filiwn a chwarter ar y clwt. Ac fe fasa'n briodol hefyd i mi'ch atgoffa chi mod i wedi deud a deud wrthoch chi mai i hyn y doi hi. A bod gwaeth i ddod eto."

Yr hyn y mae'r Drefn Foreol ar Radio Cymru yn ei olygu i mi wrth straffaglu yn y stafell ymolchi yw llai o newyddion a mwy o *Helo Bybls*.

Charles Huws, *Y Faner*.

"Gawsoch chi bresant ganddo fo, Jini?"

"Do, os fedrwch chi ei alw fo'n bresant, ynte, Hilda."

"Cot newydd. Ew, cot neis."

"Ail-law oedd hi. Ond mae hi'n newydd i mi, yn tydi? Cot o groen llewpard, Hilda."

"Ydi hi'n neis, Jini?"

"Spotless, Hilda."

Mari Gwilym a Gari Williams ar *Gari a Mari*

1981

BLWYDDYN O GYNNYDD

"Ymhell dros dair mil o oriau o raglenni. Degau o filoedd o eitemau, yn sgyrsiau a chyfweliadau a straeon, yn ddramau a jôcs—rhai'n ddwys, rhai'n ddigri. Rhai'n ddigon gwamal. Eraill yn brathu i'r byw. Lle ar wyneb daear mae dyn yn dechrau crynhoi blwyddyn o raglenni Radio Cymru?"

Golygydd Radio Cymru, Meirion Edwards yn ymhyfrydi yn nhwf aruthrol y gwasanaeth. Oedd, roedd pethau yn edrych yn galonogol. Ond nid i Oracl y donfedd. I *Madam Sera* doedd pethau ddim yn edrych yn dda o gwbwl a'i chyngor i'r gwrandawyr oedd iddyn nhw aros yn eu gwely tan 1982.

Roedd John Roberts Williams yntau yn proffwydo.

"Dirwasgiad a thechnoleg newydd fydd, mi feiddia'i ragweld, wedi codi'r nifer ar y dôl i dair miliwn cyn y Dolig nesa pan fydd yna rai'n dweud, bryd hynny hefyd, y gwellith hi at y Dolig ar ôl hwnnw. Marciwch fy ngeiriau i."

Ond pwy fyddai wedi proffwydo, yn fuan wedi troad y flwyddyn, y câi gyrrwr lori o Sheffield, gŵr digon cyffredin o ran golwg, ei gyhuddo o lofruddio tair-ar-ddeg o ferched yn Sir Efrog?

"Ers nos Wener, pan aeth yr heddlu a Peter Sutcliffe o Bradford i fewn i'r ddalfa, mae'r wasg wedi mynd ati i ddweud wrthym ei gefndir, ei waith, ei sefyllfa briodasol, pwy oedd ei ffrindiau, sut oedd e' fel plentyn. Yr unig beth maen nhw wedi'i adael allan yw beth gafodd y dyn i frecwast dydd Gwener diwetha. Os ydi'r dyn yn euog, sut yn y byd mae Barnwr yn mynd i allu dewis rheithgor teg? Dyna un cwestiwn. Ond dyma sy'n fy mhoeni i—beth os ydi Peter Sutcliffe yn ddi-euog? Beth wedyn?"

Fe ddaeth yr ateb i'r llythyr a darllenwyd ar *Carreg Ateb* ddiwedd Ebrill pan gyfaddefodd Sutcliffe yn yr Old Bailey mai ef oedd yr Yorkshire Ripper.

"Ymhell dros dair mil o oriau o raglenni," meddai Meirion Edwards.

Y DILIAU I DAI

Gorseddwyd Ronald Regan yn Arlywydd y Taleithiau Unedig ac fe oroesodd ymosodiad arfog. Ac yn Sgwâr Sant Pedr yn Rhufain taniwyd at y Pab. Ac yn y Mall yn Llundain, y Frenhines oedd targed gŵr di-waith, Marcus Sargeant. Ond bwledi ffug oedd y chwech a anelwyd ati.

Fu Arlywydd yr Aifft, Anwar Sadat ddim mor ffodus yn hwyrach yn y flwyddyn. Doedd dim byd yn ffug yn y bwledi a'i trawodd ef.

Marw o'i fodd wnaeth Bobby Sands. O henaint fu farw'r bocsiwr Joe Louis ac arwr maes Anfield, Bill Shankly. Yma yng Nghymru bu farw arwr maes go wahanol, y maes glo, Dai Francis.

Ond fe gafodd Dai, fisoedd cyn hynny ar Radio Cymru, ddweud ei ddweud am ganu pop wrth Martyn Williams.

Bachan sgwâr ymhob ystyr - Dai Francis.

Martyn Williams fu'n holi Dai Francis am ganu pop.

Y Diliau - hoff grŵp Dai Francis.

"Rwy'n hoff o ganu pop Cymrâg. Wi'n gneud y 'reservation' 'na, ti'n deall. Wi'n hoff iawn o glywed y Diliau."

"Ond ddim canu pop yw hynna, ife?"

"O, ie, canu pop yw e', ontefe?"

"Canu gwerin yw hynna."

"Pop. Beth yw pop, 'te?"

"Beth am y bois 'ma, 'te, sy'n dod ymlân ar *Top of the Pops* a phethe fel 'ny?"

"O, na, alla'i ddim godde rheina. Mae eu hanner nhw yn godde o *St. Vitus Dance*. Ma' nhw'n shiglo. O na, na, ma' hynna'n yn hala i'n grac."

"Barn feddygol oedd honna nawr, ife?"

"Wel, falle taw e', wir. Falle bo fi'n dipyn o sgwâr yn y pethe hyn, ti'n deall?"

"Tamed bach o un."

"Wel, wi'n credu bo fi'n sgwâr i gyd."

Oedd, roedd Dai yn fachan sgwâr yn ystyr gorau'r gair.

Fe aeth Y Pedwar ati i sefydlu grŵp, nid i ffurfio pedwarawd pop ond i gychwyn plaid newydd yr SDP. Wnaethon nhw ddim poeni gormod ar y Ddynes Haearn Ei gŵr ei hun, Dennis, wnaeth achosi'r embaras mwyaf iddi hi. Llythyr *Dear Nic* oedd gwraidd y drwg, llythyr oddi wrth Dennis i Ysgrifennydd Cymru yn cwyno am arafwch hawl cynllunio i godi tai yn Harlech. Roedd Dennis yn digwydd bod yn un o gyfarwyddwyr y cwmni datblygu. Ond wedi i'r llythyr ddod yn hysbys fe gynigiwyd gwerthu'r tir yn ôl i Gyngor Gwynedd.

Fel hyn y gwelodd criw *Pupur a Halen* y digwyddiad.

Nico annwyl, ei di drosta'i ar neges fach i Wynedd wen,
Gwna un ffafar fechan eto a dy ffrind o Nymbar Ten,
Dwêd wrth Dafydd Elis-Thomas, dwêd wrth Ioan Bowen Rees,
Mod i'n barod nawr i werthu'r tir yn ôl am 'run un pris.

Y CAPTEN NEWYDD

Un o sloganau mawr y flwyddyn oedd anogaeth Norman Tebbitt i bobl fynd i chwilio am waith. "Get on your bike".

Nid ar feic ond ar long yr aeth Owen Edwards i fod yn Gapten. Do, fe'i penodwyd yn Gapten ar ddec S4C ac fe fu'r Pennaeth newydd yn edrych ymlaen at y gwaith mewn sgwrs ar Radio Cymru.

"Oes, y mae yma dalentau. Ond oes yma ddigon o dalentau ym myd drama, ym myd adloniant ysgafn, yn arbennig ym myd hiwmor? Achos mi rydan ni'n dueddol o gymryd ein hunain o ddifri. Ac i beidio â chwerthin. Mae isio dipyn o hwyl yn ein bywyd ni. Yn lle edrych yn ôl a son am y digalondid a'n bod ni i gyd yn mynd yn hen, a nad y'n ni'n deall ein gilydd rhwng y gogledd a'r de."

Ac wrth gwrs, roedd hwn yn gyfle arall rhy dda i griw *Pupur a Halen* ei anwybyddu.

Chwi, y gwylwyr, peidiwch poeni
Longwyr hoff y ffyddlon griw,
Ni fydd angen galw'r lifeboat
A'r un pobol wrth y llyw;
Dim ond newid cabin maen nhw
Ar ganol mordaith, fel petai,
Newid enw'r llong, wrth reswm,
Ond erys popeth fel y mae.

Ond mae llongau bychan lliwgar
Ar y gorwel, oes yn siŵr,
Llawn o beirets annibynnol
Hefo'u rhwyfau yn y dŵr.

Ar *Hawl i Holi* bu'r Fonesig Marian Goronwy Roberts yn rhagweld ymateb y Cymry i ddigwyddiad mawr dros y ffin. Am beth oedd hi'n siarad?

"Mi ddeuda'i hyn wrthoch chi, ar y diwrnod hwnnw, er enghraifft yn nhre fach Pwllheli, na welwch chi ddim cwrcyn ar y stryd. Welwch chi neb, dim neb o gwbwl achos fydd pawb a'i drwyn yn y set. Ac nid ddim ond yn y wlad yma ond mi fydd yna filiynau ar filiynau yn gwylio'r briodas yma drwy'r byd i gyd mewn gwledydd lle nad oes yna ddim brenhiniaeth, lle mae yna Arlywyddion."

Petai angen cliw arall, dyma ddisgrifiad R. Alun Evans o ran o'r digwyddiad.

"Y goets yn dod o Clarence House ac i fewn i'r Mall a'r Fonesig Diana yn gwenu. Merch ugain oed yw hi a'i holl fywyd wedi'i chwyldroi yn y pum mis diwetha yma ac yn gorfod ymdopi a'r bywyd cyhoeddus."

Nid hwn fyddai'r tro olaf i'r byd hoelio'i sylw ar Diana, Tywysoges Cymru. Ac fe fyddai Alun yn sylwebu ar ddigwyddiadau'r diwrnod hwnnw hefyd.

Y STONDIN MWY

Yn Eisteddfod Maldwyn fe drodd y T.J. yn T.J. Davies i olygu rhywbeth gwahanol—Tomato Jiws. Ac wrth gwrs, fu *Pupur a Halen* ddim yn bell ar ôl yn rhoi sylw i'r babell ddi-alcohol gyda chân ddychan o'r enw T.J. Blues.

I Dyfan Roberts, creu cartŵn geiriol oedd y nod wrth ddychan. Ac un o'r rhai a ddychanwyd gymaint, os nad yn fwy na neb oedd Sulwyn Thomas. Ond dydi Sulwyn ddim yn ymwybodol iddo erioed ddefnyddio'r gair—na'r oslef arbennig honno—Ben-digedig!

"Dw'i byth yn ei ddweud e.' Fe ddarllenes i wedyn na ddylwn i byth ei ddweud e' am y rheswm na ddylwn i ei ddefnyddio fe ond am y pethe crefyddol. A dw'i wedi bod yn ymwybodol iawn. Falle bod yr oslef yn siwtio'r ffordd oedd dyn wedi'i ddweud e' unwaith neu ddwy wedi goglais rhywun fel Dyfan Roberts. Mae e' wedi'i ddefnyddio fe gannoedd ar gannoedd o weithiau. A falle mod inne hefyd—ond heb yn wybod."

Un o ffans mawr *Stondin Sulwyn* oedd Gwilym Owen.

Gwelodd *Sulwyn* y Stondin yn ehangu'n fawr.

"O, dwi'n meddwl fod *Stondin Sulwyn* yn un o lwyddiannau mawr Radio Cymru—mai'r Bobol Biau'r Cyfrwng. Doedd 'na neb gwell na Sulwyn i siarad a phobol gyffredin. Mae e'n un o'r rheiny sy'n medru gwneud i bobol deimlo'n gartrefol. A dyna ydi'r gyfrinach fawr."

Sut ddaeth yr ehangiad yma yn hyd a lled y *Stondin*? Fe gaiff y Stondinwr ei hun esbonio.

"Roedd S4C ar fin dechre ym 1982 ac roedd y trefniadau yn cael eu gwneud. Ac fe ofynnwyd i fi a fyddwn i'n fodlon bod yn ohebydd yn y gorllewin. Ac fe es i draw i weld Meirion Edwards a dweud y byddai'n rhaid i fi roi'r gorau i'r Stondin ar ddydd Gwener. Oherwydd o fod yn ohebydd newyddion fyddwn i ddim yn medru dod i Gaerdydd i wneud y rhaglen. A dyma fe'n dweud, pam na wnei di raglen ddyddiol ar Radio Cymru?

"Doeddwn i ddim am fynd ymlaen i wneud yr hyn own i'n ei wneud bob dydd Gwener a fe ddwedes i y byddwn i'n hoffi gwneud yr hyn oedd Jimmy Young yn ei wneud. A fe enwais i Jimmy Young am y rheswm syml mai ef oedd ymhlith y cyntaf i ddod â newyddion a materion cyfoes yn gyfochrog a recordie a rhyw ychydig o ysgafnder."

Fe gytunodd Meirion. Ac ar ben hynny fe symudodd Lyn Jones o Fangor i Abertawe i fod yn gynhyrchydd. Mae'r gweddill yn hanes.

Dau gyfrannwr cyntaf y *Stondin* oedd y Dr Dewi Evans a Huw Davies, y milfeddyg o San Clêr. Roedd disgwyl i Sulwyn greu ymhlith y deheuwyr yr hyn oedd Hywel Gwynfryn wedi'i gyflawni fel gogleddwr. Ac ar y Stondin y cododd y Dr Roger Thomas y sgwarnog honno fod gormod o Gogs ar y cyfryngau.

"Mae llawer o bobl yn son am yr eira yn '82 ac ati. Ond i fi, rwy'n cofio nôl a meddwl, 'Wel, hoffen i wneud rhaglen fyddai'n cynhyrfu pobol i ffonio mewn bob dydd'. A rown i braidd yn siomedig fod pobol ddim yn ffonio gyda'r arlwy oedd gyda ni. Yna, yn sydyn reit, dyma'r diweddar Dr Roger Thomas, oedd yn Aelod Seneddol Caerfyrddin ar y pryd, a roedd e' wedi cwyno bod gormod o ogleddwyr ar raglenni *Heddiw* a'r *Dydd*. Fe gynhyrfodd e' gymaint o'r bobol fel iddyn nhw ddechre ffonio."

Pwnc mwy difrifol fu penderfyniad Côr y Jonesiaid i ymweld â De Affrica. A do, fe wyntyllwyd y pwnc ar y *Stondin*.

"Ga'i ddymuno'n dda i chi fel côr a symud at aelod o gôr sydd wedi bod dipyn yn y newyddion yn ddiweddar, Côr Orffiws Treforus. Huw Rees, sut mae'r holl helynt ynghylch De Affrica wedi effeithio ar y côr?"

"Dwi ddim yn credu fy mod i mewn ffordd i siarad am beth ddigwyddodd yn ddiweddar gyda'r côr. Un peth dwi am ddweud yw hyn, fel cyd-arweinydd, rwy'n flin ofnadwy i golli unrhyw un sydd wedi bod yn y côr am flynyddoedd. Mae'n biti mawr fod rhywun yn gorfod colli dynion o'r safon yr ydi ni wedi'u colli yn ddiweddar."

Mae dau o weision cyflog Radio Cymru wedi hedfan i'r America am ddeg diwrnod i baratoi hanner dwsin o raglenni. Gadawodd Huw Llywelyn Davies, y gohebydd chwaraeon a chyflwynydd 'Dyfal Donc', ac Eurof Williams, cynhyrchydd, am America ddoe (dydd Llun) a byddant yn treulio rhan o'u hymweliad yn San Francisco a rhan yn Efrog Newydd. . . Fe fydd y Parchedig IDE Thomas, cyfrannwr cyson ar raglenni newyddion Radio Cymru, yn destun un rhaglen.

Y Cymro, Ionawr 6ed

Danfonwyd Huw Llywelyn Davies i'r America i recordio cyfres newydd.

CYMRU WEN, CYMRU WÊN

Cymru wen, ond nid Cymru wynfydedig oedd yr hen wlad ym 1981. Fel hyn aeth un adroddiad newyddion.

"Er bod y tymheredd wedi codi dau neu dri chanradd yma yng Nghlwyd y bore yma, ni ddisgwylir i'r ddwy droedfedd o eira sy'n gorwedd ymhobman i ddechrau dadmer o ddifri tan yn hwyr y prynhawn yma. A hyd yn oed wedyn, yn ôl y ganolfan dywydd ym Maes Awyr Manceinion, disgwylir rhagor o eira gyda'r nos . . .

"Mae llys yn Swydd Efrog wedi dirwyo glöwr 19eg oed bum-punt-ar-hugain am daflu peli eira. Dywedwyd fod tair gwraig wedi gorfod llochesu mewn caban teleffon am fod y llanc yn gwrthod rhoi'r gorau i daflu'r eira."

Ac yn Nhalysarn, digwyddiad arall mewn ciosg gafodd sylw, un a anfarwolwyd mewn cân gan Dafydd Iwan.

Ond eira neu beidio, diweithdra oedd y bwgan mawr o hyd wrth i'r flwyddyn ddirwyn i ben. Ac roedd gan Bryan Martin Davies gyhuddiad i'w wneud ar Radio Cymru.

"Mae'n amlwg fod yma rhyw duedd i wyngalchu y sefyllfa sy'n bodoli yn ein gwlad ni ar hyn o bryd. Rhyw fath o 'snow job' er mwyn cadw lawr y ffigurau."

Oedd, roedd proffwydoliaeth John Roberts Williams o dair miliwn yn ddi-waith erbyn y Nadolig bron iawn wedi'i gwireddu.

Codwyd cwr y llen ar stori a fyddai'n datblygu'n saga y flwyddyn wedyn, yr ymgais i ddiswyddo Wayne Williams, athro yn Llanidloes wedi iddo dreulio cyfnod yng ngharchar yn dilyn protest Cymdeithas yr Iaith dros y Sianel. Fel arfer roedd *Pupur a Halen* yn barod i'r her.

"Maen nhw'n deud wrtha i mai rhyw bobol digon di-hiwmor sydd tua Ysgol Uwchradd Llanidloes yna."

"Di-hiwmor?"

"Wel, does 'na'r un Wên yn eu plith nhw, beth bynnag.

1982

GWYN EIN BYD

Fe gychwynnodd y flwyddyn fel ei rhagflaenydd gydag eira. Ie, eira unwaith eto. Er mwyn cadw cysylltiad â'r gwrandawyr, estynnwyd oriau Radio Cymru. Fe arweiniodd hynny at i rai amau mai penaethiaid Radio Cymru wnaeth drefnu'r eira er mwyn denu mwy o wylwyr.

Yn *Y Faner* cafwyd rhigwm amserol iawn.

Cefais freuddwyd ben bore yn fy ngwely clyd
Mai Radio Cymru oedd a'r bai i gyd.
Gwyn Parry, Wyn Griffith a Menna Gwyn,
Siân Gwen-llian a Sul-wyn a Nia Wyn;
Ac roedd Hywel Gwyn-fryn o hyd, o hyd
Ar ben ei domen yn glochdar i gyd.
Radio Cymru'n cyflyru tonfeddi'r nen
A dynnodd yr eira mawr ar ein pen.

Fe aeth criw *Pupur a Halen* ati i aralleirio un o glasuron Julie Andrews, 'My Favourite Things'.

Jac Codi Baw, hanner-dwsin Land Rover,
Milwyr a rhawiau a ffermwyr ar dractor,
Uwchben mae hofrennydd i'n cludo i'r byd,
Dyma, heb os, yw fy hoff bethau i.
Chwech y bore lawr y gwifre, canaf hyfryd gân,
Sneb gallu symud o Wynedd i Went,
Gan eira mawr, mawr a mân.

Ac os aeth ambell i Gymro neu Gymraes ar goll yn yr eira, colli ei hun yn llwyr yng ngwres y Sahara wnaeth Mark Thatcher gan annog rhai i alaru am nad oedd ei fam yno gydag ef.

C'mon Midffild! Tîm cochaf Cymru a'u cefnogwyr.

TîM COCH BRYNCOCH

Ar Radio Cymru fe esgorodd y flwyddyn newydd ar faban a fyddai'n ein difyrru am flynyddoedd i ddod. Do, fe gymerodd tîm pêl-droed enwocaf Cymru at y maes chwarae. Ond pwy, erbyn hyn, sy'n cofio'r cast gwreiddiol? Fel hyn y cyflwynwyd y credits ar ddiwedd y rhaglen gyntaf.

"Buoch yn gwrando ar *C'mon Midffild* gan Alun Ffred Jones a Myrddin Jones, gyda Clive Roberts fel Arthur Picton, Manon Eames fel Sandra, John Ogwen fel Wali Tomos, Wyn Bowen Harries fel Tecwyn a'r Landlord, Myrddin Jones fel George a Caryl Ifans fel Lowri. Y cynhyrchydd oedd Gareth Lloyd Williams."

Anodd credu erbyn hyn sut y newidiodd pethe dros y blynyddoedd.

Y CYNTAF I'R POST

Digwyddiad mwyaf y flwyddyn oedd Rhyfel De Iwerydd. A dyma ffaith anodd ei llyncu—ond mae hi'n wir—cyflwynydd *Y Post Prynhawn* oedd odid y cyntaf yng ngwledydd Prydain i glywed fod milwyr wedi glanio ar ynys fechan yn Ne Môr Iwerydd gan roi cychwyn i stori fwya'r flwyddyn.

"Mae gynnon ni ar ein desgiau betha sydd yn debyg i gyfrifiaduron ac yn rheiny mae'r holl newyddion yn dod drwadd o wahanol ffynonellau, linell wrth linell. A mae'n rhaid i chi gadw'ch golwg ar rheiny achos weithia mae 'na betha

Gareth Glyn, y cyntaf i glywed am oresgyniad y Malvinas.

trawiadol iawn yn dod trwadd. Y Sea Empress, math o beth, neu hyd yn oed pan wnaethon nhw lanio ar Ynysoedd y Falklands—rhyw 'radio ham' yn ffonio a deud, 'Mae 'na rhyw filwyr o'r Ariannin wedi glanio yma a 'dyn nhw ddim i fod yma'. A dyna ddechra rhyfel De'r Iwerydd. 'Iawn', medda fi, 'fe roi chi drwadd i rywun arall'. A mae 'na ambell i lyfr yn mynnu mai fi wnaeth glywad gynta am Ryfel De'r Iwerydd. Dw'i ddim yn siŵr. Mae angan ychydig bach o ymchwil."

ENNILL . . . A CHOLLI

Fe ddaeth cystadleuaeth Cân i Gymru ac fe grëwyd hanes wrth i'r digwyddiad gael ei ddarlledu'n fyw ddim yn unig ar Radio Cymru ond hefyd ar *Radio Wales* a theledu BBC Cymru. Y cyfansoddwyr buddugol oedd Myrddin ap Dafydd a Geraint Lovgreen gyda chlasur o gân, 'Nid Llwynog oedd yr Haul'.

Fe ddaeth y Pab i Gymru a darlledwyd ei gyfarchion Cymraeg yn fyw ar Radio Cymru. "Bobl Cymru, byddwch ffyddlon i Grist. . . "

Yn disgrifio'r digwyddiad hanesyddol roedd Meurwyn Williams a Dewi Llwyd. Ac yn ei gyfarch yn Gymraeg ar gân bu'r Hennessys yng nghwmni plant ysgol Bryntaf.

Parhau, yn y cyfamser, oedd y brwydro yn Ne Iwerydd. Ac yng Nghymru roedd brwydr iaith yn cael ei hymladd wrth i lanc ifanc, Gareth Llwyd Dafydd, myfyriwr yng Ngholeg Harlech benderfynu mynd ar ympryd fel protest yn erbyn penodiad Sais uniaith i swydd Cofrestrydd y coleg hwnnw.

Ddyddiau wedi iddi roi'r gorau i olygyddiaeth *Y Faner* bu farw Jennie Eirian Davies.

Ac yn dilyn refferendwm ar agor tafarnau ar y Sul gadawyd dwy ynys yn unig, Ceredigion a Dwyfor, fel rhyw ddau Gantre'r Gwaelod ar fin y llif yn disgwyl yr anochel.

Disgrifiwyd ymweliad y Pab a Chaerdydd gan Meurwyn Williams.

GWIL Y GOL

Bu'r flwyddyn yn garreg filltir arbennig iawn i Gwilym Owen, arch-holwr y cyfryngau. Yn dilyn cyfnod annifyr gyda'r Bwrdd Ffilmiau wrth i'r ffilm *Madam Wen* greu helynt, fe ymunodd Gwilym â'r BBC.

"Mi ymunais i a staff y BBC. Fe alla'i ddweud â'm llaw ar fy nghalon, fe geisiais i am amryw o swyddi yn y BBC ond chefais i erioed yr un ohonyn nhw. Fe ges i nifer o gyfweliadau am swyddi yn y BBC a methu â chael swydd bob tro. Y tro yma fe ges i wahoddiad i ymuno â'r BBC fel golygydd newyddion Radio Cymru.

"Ddywedwyd ddim wrtha'i cyn i mi gyrraedd y byddai'n rhaid i mi wneud rhaglen fy hun hefyd yn wythnosol fel rhan o'r pecyn o gael y gwahoddiad yma i ymuno â'r Gorfforaeth Ddarlledu Brydeinig. A *Cymru Heno* oedd y babi cyntaf, sef y rhaglen oedd yn cymryd golwg Gwilym Owen-aidd ar yr wythnos oeddan ni yn ei chanol hi.

"Gyda sefydlu Radio Cymru, fe sefydlwyd gwasanaeth newyddion credadwy yn yr iaith Gymraeg am y tro cyntaf erioed. Hynny yw, gwasanaeth newyddion oedd yn rhoi i'r gwrandäwr rywbeth y gallai o fod yn ddigon hapus yn ei gylch fel nad oedd yn rhaid iddo droi i unrhyw gyfeiriad arall i chwilio am ei wasanaeth newyddion.

"Hynny yw, roedd o'n cael ei newyddion am Gymru, roedd o'n cael ei newyddion am weddill gwledydd Prydain, roedd o'n cael ei newyddion byd-eang efo pob math o hygrededd drwy gyfrwng yr iaith Gymraeg. Does dim dwywaith nad Radio Cymru fraenarodd y tir i'r cyfeiriad yna ac a'i gwnaeth hi'n bosib i S4C fedru camu i'r bwlch a chario'r traddodiad hwnnw ymlaen—efo lluniau, wrth gwrs."

Fe greodd S4C broblem i benaethiaid Radio Cymru wrth i newyddiadurwyr heidio tua'r gwasanaeth newydd hwnnw.

"Fe symudodd to cyfan o newyddiadurwyr Cymru drosodd i'r gwasanaeth teledu. Fe orfodwyd y BBC i benodi nifer o bobol cwbwl ddibrofiad i ddod i mewn naill ai'n syth o'r Brifysgol neu o gyfeiriadau eraill i fod yn newyddiadurwyr ar gyfer gwasanaeth Radio Cymru.Ar yr un pryd ag y digwyddodd hynny fe adawodd golygydd newyddion cyntaf Radio Cymru hefyd ei swydd. Felly roedd y lle yn gwbwl wag erbyn canol y flwyddyn. Dyna pryd, ar ôl blynyddoedd o geisio am swydd, yr agorwyd y drws o'r diwedd i mi ymuno â BBC Cymru."

Tasg anodd, felly, yn wynebu Gwilym. Ond dywed i'w waith gael ei wneud yn haws wrth i "benadur" Radio Cymru, John Roberts Williams gael ei alw yn ôl.

"Roedd John wedi bod yn bugeilio'r bobol ifanc hyn am tua hanner-blwyddyn cyn i mi gyrraedd. Roeddan nhw i gyd wedi cael yr ymwybyddiaeth o'r dasg

Gwilym Owen, a ymunodd a Radio Cymru ar wahoddiad, gyda'r Dr Geraint Jenkins a Meirion Edwards.

oedd o'u blaenau nhw a'r safonau a ddisgwylid oddi wrthyn nhw. Allen nhw ddim o'i gael oddi wrth neb gwell fel meistr na chyfaill na John Roberts Williams. Felly roedd y garw wedi'i dorri.

"Ond roedd yna gryn dipyn o waith i'w wneud efo pobol ifanc ddibrofiad. Ond fe fues i hefyd yn hynod o ffodus gan fod Ifan Wyn Williams hefyd, yn gyn-brifathro Ysgol Gyfun Rhydfelen yn gwybod sut i drin pobol ifanc a'u trafod nhw. Ac yn fwy na dim yn feistr ar yr iaith Gymraeg. Y gwendid sylfaenol reit o'r cychwyn cynta oedd y gallu a'r ddawn i lunio bwletinau newyddion yn yr iaith Gymraeg oedd yn ddeallus ac a fyddai'n apelio at glust y gwrandäwr."

Un o ddarganfyddiadau mawr yr wythnos ddiwethaf i mi ydoedd canfod mai breuddwydiwr du a gwyn yw Alun Evans.

Fe'i synnwyd, meddai ar raglen Codi'r Ffôn, fod rhai pobl yn breuddwydio mewn lliw.

Yn amlwg, dydi o ddim yn talu'r drwydded freuddwydio lawn a thybed a yw hyn yn egluro pam y trodd ei gefn ar deledu—lliw—i wneud ei farc ym myd radio?

Stondin y Stelciwr, *Y Cymro*, Ionawr 12ed.

Y SULYN A'R SIANEL

Gwireddwyd un o freuddwydion John Roberts Williams wrth i bapur Sul Cymraeg gael ei lansio. Un o'r golygyddion oedd Eifion Glyn a bu'n datgelu llwyddiant y rhifyn cyntaf o *Sulyn* wrth Gareth Glyn.

"Roeddan ni'n argraffu ychydig dros ddeg mil ac yn sicr mae 'na dros naw mil wedi mynd. A dydan ni ddim wedi cael cyfle i gysylltu â phob cwr o Wynedd. Er mwyn denu hysbysebwyr, gorau i gyd po fwyaf allwch chi werthu. Ond petai ni'n gwerthu saith neu wyth mil mi fyswn i'n fodlon iawn, iawn."

Anelodd *Sulyn* at ystwytho'r iaith gan ennyn beirniadaeth rhai o'r plismyn ieithyddol a gyhuddodd y golygyddion o ddefnyddio iaith sathredig. Ond ar y *Post Prynhawn* achubwyd cam y papur gan yr Athro Harri Williams. Ac fe dynnodd gymhariaeth ddiddorol.

"Mae Pantycelyn, yn wir, yn enghraifft reit dda o rywun yn fodlon defnyddio geiriau Seisnigaidd er mwyn cyrraedd cynulleidfa eang. Fe allech chi roi beth wmbredd o enghreifftiau allan o'i waith o fel begian, leflo, dependio, safio, bloto, risolfo, presentio, trystio, spendiwyd, ciwriositi, hafog, pretens ac yn y blaen."

Roedd Eifion Glyn yn cytuno. "Tasa Williams Pantycelyn yn fyw dwi'n siŵr y basa ni'n ei gyflogi o'n syth efo *Sulyn*."

Sulyn yn cychwyn ond och ac alas, fe benderfynodd colofnydd radio'r *Faner*, Charles Huws, roi'i feiro llawn fitriol yn y to. Ac ar Radio Cymru cafodd gyfle i edrych yn ôl.

"Rwy'n teimlo 'mod i wedi cael dylanwad aruthrol dros y blynyddoedd ar ddarlledu yng Nghymru. Mae Radio Cymru wedi digwydd, wrth gwrs, ac mae 'na lawer mwy o raglenni poblogaidd nag a fu yn y gorffennol. A mwy a mwy o rheiny sy' isio, wrth gwrs, ar gyfer pobol."

Beti George wnaeth gyhoeddi arlwy noson gyntaf S4C.

Charles Huws yn mynd ond dod wnaeth mis Tachwedd. A gydag ef fe ddaeth S4C. Fe fu capten y llong newydd, Owen Edwards, yn bwrw golwg ymlaen.

"Tachwedd 1982, o'r diwedd, sianel i Gymru. O ddechre Tachwedd ymlaen dyma sylfaen yr arwyddlun a fydd yn ymddangos ar y teledu ledled Cymru. Arwydd o fwriad pendant y sianel i adlewyrchu y gore o draddodiad a chymeriad Cymru."

Beti George fu'n amlinellu arlwy'r noson gyntaf.

"Yr arlwy, felly, ar y noson gyntaf yn dechre am chwech o'r gloch, rhaglen ddwyieithog yn son am S4C a'i rhaglenni. A'r *Siwpyr Ted* hir-ddisgwyliedig yn rhan bwysig ohoni. Am saith—bob nos, gyda llaw—*Newyddion Saith*. Hanner-awr-wedi-saith, rhaglen gerddorol gydag Ar Log. Wyth o'r gloch, comedi am anturiaethau gorsaf teledu, un aflwyddiannus, fel arfer, yn ei hymdrechion i gael y newyddion ar yr awyr mewn pryd. Hanner-awr-wedi-wyth, *Citizen Kane a Cynan*, hanes Randolph Hearst a'i gysylltiad â Chymru."

SOSBAN FACH, SOSBAN HWYR

Yn y cyfamser roedd yna ailwampio yn hanes Radio Cymru. Ac anelwyd oriau ychwanegol gyda'r hwyr at bobl ifanc. Roedd Eurof Williams yn cofio.

"Roedd hi'n frwydr fawr ar un adeg i gael mwy o oriau i bobol ifanc. Rwy'n cofio pledio sawl tro gyda'r penaethiaid y dylai'r bobol ifanc gael mwy o oriau. Ac yn y pen draw, roion nhw rhwng deg a hanner-nos i ni. Rwy mor falch nawr fod y peth wedi troi. Allen i ddim dychmygu y radio heb y gwasanaeth yma nawr."

I Richard Rees, cyflwynydd *Sosban Fach*, roedd darlledu gyda'r nos yn un o'r pethau mwyaf cyffrous a wnaeth erioed.

"Fe gawson ni'r syniad y bydde fe'n grêt cael rhywun mewn i ganu a pherfformio sesiynau'n fyw. Ac roedd hynna'n wefreiddiol. Roedd y gwallt bach 'na ar gefn eich gwddw chi i gyd yn codi. A roedd yr ymateb hefyd yn wych yn y gynulleidfa.Roedd lot o ymateb da iawn gan bobol o oed hŷn, falle.

"A dwi'n credu mai un o'r pethe wnaeth darlledu gyda'r nos, ac roedd e'n rhywbeth reit bwysig, mi greda i, oedd fod pobol oedd yn darlledu yng Nghymru dros y blynyddoedd wedi cysylltu'r byd pop Cymraeg â phlant. Roedd y byd pop, y byd roc, yn rhywbeth i'w wneud a phlant. A doedd dim o'r traddodiad eich bod chi'n tyfu lan gyda'r byd roc, yn tyfu lan gyda'r byd pop. Leicien i feddwl, falle, fod y rhaglenni nos newydd wedi bod yn rhan o'r trawsnewid, bod e' wedi gwneud i bobol sylweddoli bod y diddordeb yma mewn canu roc, mewn canu pop, ddim yn rhywbeth plentynnaidd o gwbwl."

Ar y *Sioe Fideo* fe glywyd Menna Williams yn cyflwyno'n rheolaidd. Ac amser i ferched oedd e'. Ar Gomin Greenham bu miloedd o ferched yn cydio dwylo wrth amgylchynu'r gwersyll.

> *Rhaid canmol Radio Cymru am ei gallu i ganfod Cymry sy'n gysylltiedig ag unrhyw le yn y byd sydd yn y newyddion. Ni fuwyd fawr o dro cyn dod o hyd i bobl yn gysylltiedig â'r Falklands. Er mor ddifrifol y sefyllfa, rhoes wynt yn hwyliau* ***Pupur a Halen****, a chafwyd rhaglen arbennig o dda gyda'r parodïau yn cael eu canu i alawon y môr.*
>
> Elinor a John Davies, *Y Faner,* 30 Ebrill.

Wele'n cychwyn bedwar-deg
O longau tal ar fore teg,
Wele Thatcher, ddur ei bron
Yn bennaeth ar y llynges hon.
Mynd y maent i roi eu troed
Ar dir na welodd hi erioed,
Ond hanner-parod ydyw'r lot
A rheiny yng ngofal yr hen John Nott.
Radio'r nos a radar dydd
O'u cwmpas oll yn gampus sydd,
Ac aeth rhagor atynt 'to—
Canberra y P&O,
Honno fydd, dros-dro, i ffwrdd,
Margaret Williams ar ei bwrdd

1983

CYMRU SYCH

Os mai eira oedd problem fawr dyddiau cynnar y ddwy flwyddyn flaenorol, dŵr oedd bwgan 1983. Neu, yn hytrach, brinder dŵr. Fel hyn y cychwynnodd Hefin Wyn un o'i fwletinau newyddion.

"Erbyn hyn, ar ôl pythefnos o streic, mae tua miliwn o bobol Cymru yn gorfod berwi dŵr yfed. Yr unig ardal na chafodd ei heffeithio yw De Morgannwg. Ac fe amcangyfrifir fod bron i bedair mil o gartrefi heb gyflenwadau o ddŵr. Dyw'r streic ddim wedi achosi dioddefaint fel y cyfryw. Dydi'r cyhoedd chwaith ddim wedi mynegi dicter tuag at y streicwyr. Peri anhwylustod wnaeth y gweithredu yn bennaf."

Ie, dŵr oedd testun mawr y flwyddyn a hynny mewn mwy nag un ffordd. Fe fu hi'n flwyddyn y marinas. Ac fe gafodd y cynllun ar gyfer marina'r Felinheli ei anfarwoli gan grŵp Y Ficar ar gân.

Ond dŵr o fath arall, dŵr oedd yn fwy addas i'r toilet, gafodd sylw gan raglen mewn cyfres newydd, *Crafu'r Gwaelod.* Ac i Hafina Clwyd o'r *Faner* roedd enw'r gyfres yn addas iawn. Roedd hi wedi cael llond bol ar wrando ar hiwmor glaslancaidd Radio Cymru a'r son di-baid am ryw, penolau a thai bach.

Wrth gwrs, rhaid oedd taro'n ôl.

"Dymuna Radio Cymru ymddiheuro'n arbennig i Hafina Clwyd bod yna gymaint o gyfeiriadau at dŷ bach yn y stori hyd yma. Gwneir pob ymdrech o hyn ymlaen i'w fflysho nhw allan."

Ond er fflysho a fflysho, dal i lifo wnaeth y cyfeiriadau tŷ bach-aidd.

"Aeth Wil, Dai a Pop mas i Paris—
Odd Cymru yn whare *France*—
Odd y tri wedi gwisgo cryse glân
A odd Wil wedi newid 'i bants.
Gadawon nhw'r Rhws am ddau o'r gloch,
Rown nhw'n lando yn Paris am dri,
Buws Dai yn y toilet yr holl ffordd draw,
Odd e'n ofnus 'na'n ymarfer *Oui, Oui.*
Odd Wil wedi yfed galwyni o gin,
Ar y plane, odd e'i gâl duty free,
A'th e'n sick dros rhyw foi yn y *metro*,
A wedodd y boi, *"C'est la vie."*
Fe gollodd 'i ddannedd yn fanna

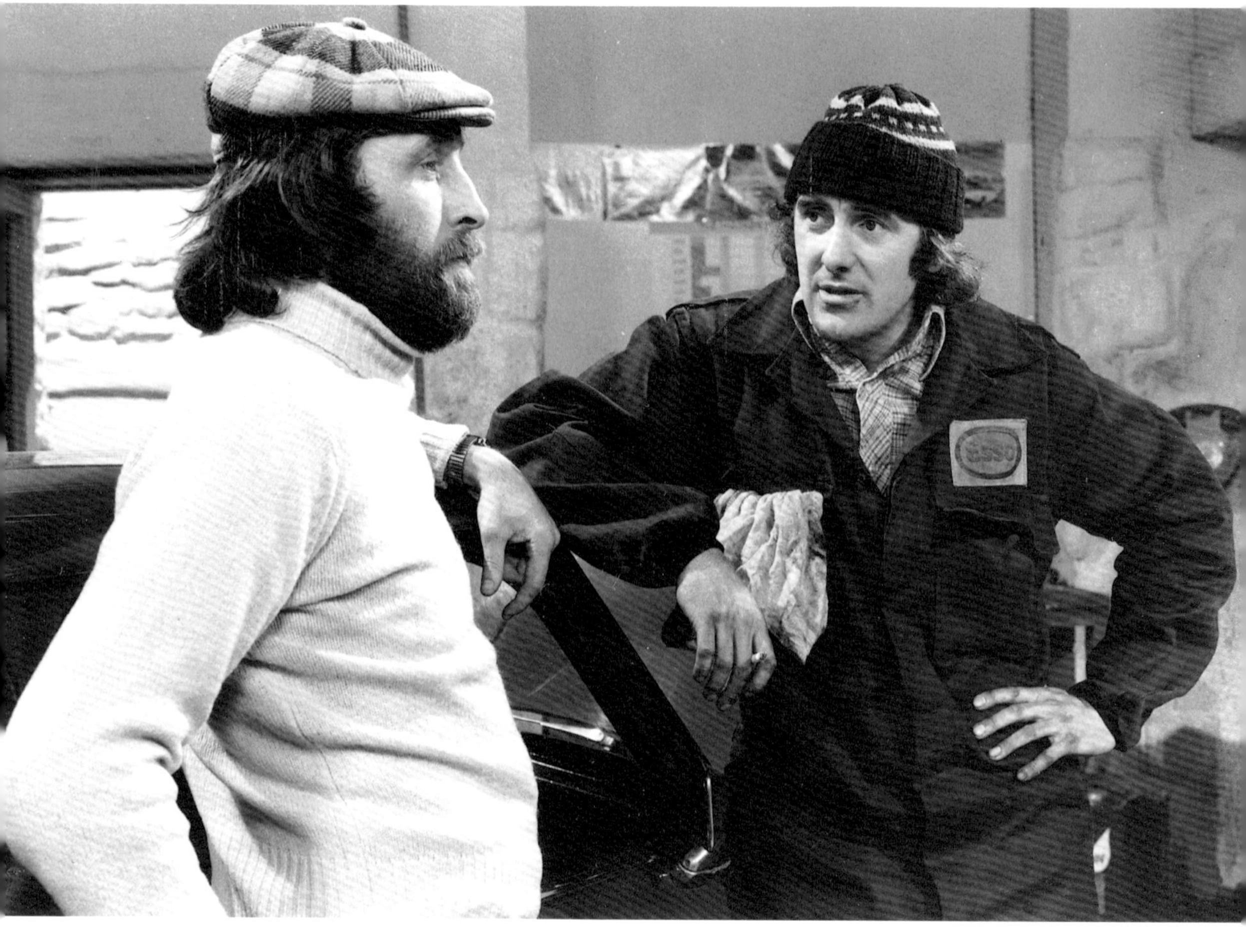

Bardd Cocos Radio Cymru, Dewi Pws gyda Dafydd Hywel.

Ar y trên yn yr underground,
Ond fe'i ffindws nhw'n hwyrach yn gwenu fel cath
Yn ffenest y shop lost and found.
Ac yna ymlaen i'r gwesty,
Lle posh yn y Place Dubai,
"*Bonjour*", medde'r ferch yn reception,
Ond 'na'i gyd wedws Wil odd, "Shwmai".
A lan â nhw i'r stafell,
Odd hi ar yr ugeinfed llawr,
"Jawl", medde Pop, "erbyn cyrraedd y top
Fydd hi'n bryd i ni ddechre nôl lawr".
Ond whare teg i'r waitress,
Odd y bridal suite yn wag

Ac yn ei chenol, four-poster pert,
Neu pedwar post yn Gwmrâg.
"Voilla", medde hi, y waitress,
"Ma' bath a *bidet* 'da chi".
Medde Wil, "Beth ma' rhywun fod 'i neud yn hwn?"
A wedodd y waitress, ". . . Just molchi".

Ie, Dewi Pws ar *Malu ar yr Awyr.*

Oes raid i hon, d'wedwch, ddechrau sgrechian mor aflywodraethol o ddifanars bob tro yr egyr Dewi "Pws" Morris gilddrws ei ymennydd. . ? A oes modd, plîs, i Emyr Wyn roi taw ar Ms. Giggles?

Peter Davies yn *Y Faner,* 10fed o Fehefin yn beirniadu gor-duedd Caryl Parry Jones i or-chwerthin ar *Malu ar yr Awyr.*

ENNILL A CHOLLI

Adeg wythnos yr Eisteddfod Genedlaethol fe gynhaliwyd seremonïau'r Garmon, sef ateb Cymru i'r Oscars. Ac ymhlith y rhai a anrhydeddwyd roedd Charles Williams. Roedd Charles wedi'i blesio gymaint gan y syniad ag oedd e' gan yr anrhydedd.

"Dwi'n meddwl bod y math yma o beth yn codi brwdfrydedd, ac y bydd o'n symbyliad hefyd. Mae o'n beth calonogol iawn i actorion i anelu ato fo, fyswn i'n meddwl."

Ie, anrhydedd i Charles. Ond un na chafodd ei werthfawrogi yn ei wlad ei hun oedd yr athrylith hwnnw Carwyn James. Do, bu farw Carwyn ymhell o Gymru. Ac ar Radio Cymru, Huw Llywelyn Davies fu'n talu teyrnged iddo.

"Ie, llais cyfarwydd Carwyn James, llais enillodd barch ledled y byd rygbi fel meddyliwr a hyfforddwr mwyaf craff ei gyfnod. Ond roedd Carwyn yn llawer, llawer mwy na hynny. Dyna paham y mae'r golled mor fawr. Roedd e'n gymeriad cyfan. Fe gâi e'r un faint o barch ar Faes yr Eisteddfod ag ar y maes rygbi. Cymro i'r carn, un o fois y Pethe a'r Babell Lên. Ysgolhaig. Gwleidydd, hyd yn oed a diacon yng Nghefneithin. Ac yn y sêt fawr yn ben blaenor, a dweud y gwir, ymhob maes.

"Yr hyn â'i gwnai yn unigryw oedd y modd yr oedd pob agwedd yn asio at ei gilydd yn un athrylith fawr. Pwy ond fe allai son, fel y gwnaeth, am y gwahaniaeth rhwng dau faswr ar y cae? Y naill, medde fe, fel y bardd rhamantaidd, cyffrous ac annisgybledig ei ddull. A'r llall fel y bardd clasurol, mwy sicir a chywir ei gam."

Gwell hwyr na hwyrach, medde nhw. A hwyr fu hi i ddau o brif lenorion Cymru, Saunders Lewis a Kate Roberts. Fe dderbyniodd y naill Ddoethuriaeth Er Anrhydedd gan Brifysgol Cymru, bron 45 mlynedd wedi i'r sefydliad hwnnw ei wrthod, a'r llall Dysteb Genedlaethol. Fe fynegodd y Dr. Kate ei gwerthfawrogiad ar Radio Cymru.

"Rydw i'n llawenhau bod Cymru wedi gwneud hyn i mi. A diolch yn fawr i bawb ohonoch chi sydd wedi gweithio mor galed i'w gwneud hi'n llwyddiant. Diolch yn fawr iawn. Fedra'i ddweud dim rhagor. Mae nheimladau fi'n rhy gryf i gydnabod, mewn gwirionedd, y Dysteb anrhydeddus hon. Diolch yn fawr i chi."

CHWIFIO'R FANER

Fe gydiodd golygydd newydd, Emyr Price yn awenau'r *Faner* a chydnabu ar Radio Cymru na fyddai'n bosib i'r cylchgrawn fod yn rhyw ailymgnawdoliad o'r *Sun*.

"Ar y llaw arall, dwi ddim isie iddo fo fod yn rhywbeth uchel-ael gor-academaidd. Mae 'na lawer iawn o bobol yn y cyswllt academaidd a mi ydw i fy hun wedi dod o'r cefndir hwnnw, mae'n debyg. Mae llawer iawn o'r rhain yn gallu ysgrifennu yn ysgafn, yn ddiddorol, yn bur sylweddol. Mae'n bwysig fod hynny yn digwydd. Ac eto, yn gallu lefeinio'r cyfan i wneud yr ysgrifau y mae nhw'n eu cyfrannu yn ddeniadol i'w darllen. Pobl, felly, nad ydyn nhw'n cael cymaint o amser a phobl eraill i ddarllen. Ac yn sicr fe fyddai yn pwyso ar bobl academaidd ac mae hynny'n rhoi cymaint o sylwedd i'r cylchgrawn.

"Ar y llaw arall rwy'n croesawu pobl i ysgrifennu o bob un cefndir. A mae rhywun fydda'n gwybod rhywfaint o nghefndir i fy hun, efallai, yn llawn sylweddoli pa mor bwysig ydw i'n rhoi pwyslais ar gael pobl o bob cefndir i ysgrifennu i'r *Faner*."

Wrth i'r *Faner* gychwyn dan olygyddiaeth newydd fe welwyd geni *Radical Wales* a *Llafar Gwlad*. Ar y llaw arall, roedd *Pais* mewn trafferthion ariannol.

TA-TA ELYRCH

A'r tymor nesaf gwelir rhain
Yn chwarae'n yr Ail Adran,
Heb Lerpwl mwy na'r un Man U
Yn teithio yma weithian.
Fydd rhaid i Toshack a'i hen dîm
Fodloni ar chwarae sothach,
Rhyw dimau crocs fel tîm Caerdydd
Fydd yn eu herbyn bellach.

Criw *Pupur a Halen*, ar y dôn Yr Eneth Gadd ei Gwrthod yn galaru am ddisgyniad Elyrch Abertawe.

RADIO CYMRU A ŴYR

Ar Fehefin y 9fed fe wawriodd diwrnod yr Etholiad Cyffredinol. Ac fe dorrwyd tir newydd, fel y gwna Gwilym Owen, a oedd yn cyflwyno ar Radio Cymru ar y noson, gofio yn dda.

"Mi oedd o'n eitha diddorol, a dweud y gwir, achos roedd o'r tro cyntaf, rwy'n credu, i ni ar Radio Cymru ag i S4C i ddarparu rhaglen oedd yn darparu gwasanaeth llawn o ganlyniadau drwy'r nos ar deledu a radio drwy gyfrwng yr iaith Gymraeg.

"Mi gawson ni ar Radio Cymru—rwy'n canu cloch ein hunain rŵan—a'r cynhyrchydd bryd hynny oedd pennaeth Radio Cymru bellach, Aled Glynne Davies—ac yn anffodus i S4C fe wnaethon nhw glamp o gamgymeriad y noson honno. Fe gyhoeddon nhw fod Llafur wedi colli etholaeth Gŵyr. Fe fuon nhw am ddeg munud yn trafod y canlyniad cwbwl ffug yma tra bu Radio Cymru yn dweud y canlyniad yn gwbwl wir. Fe fu yna gryn dipyn o storm, fel y byddech chi'n ddisgwyl, yng nghoridorau grym yn dilyn hynny. Ond mi fyddan ni yn Radio Cymru yn mynd o gwmpas a'n pennau'n uchel iawn ar ôl y noson arbennig honno.

"Ddim fod popeth wedi mynd yn llyfn i ni chwaith. Rwy'n cofio cychwyn y rhaglen tua deg o'r gloch ac yn ceisio cysylltu â'r nifer o ddarllediadau allanol oedd gynnon ni ac yn methu ar bob un wan jac. Ond alla petha ddim ond gwella ar ôl hynny. A mi wnaethon. Ac roedd gen i griw o bobol efo mi yn y stiwdio. A dyna'r tro cynta, dwi'n credu, i ni geisio cael *psephologist* go iawn i mewn i'r stiwdio sef y Dr Dylan Morris. Ag roedd hi'n noson ardderchog."

Roedd mwyafrif y Ceidwadwyr yn 144 o seddi, 14eg o aelodau yng Nghymru.

BLAS O GARLLEG—A SHARON

Fe ddaeth newyddion da i'r croendenau wrth i *Pupur a Halen* ddod i ben. Y newyddion drwg i feddyliau sensitif oedd fod *Crafu'r Gwaelod*, gyda Sharon Morgan a Iestyn Garlick wedi cymryd ei le.

"Ges i alwad ffôn gan Lyn Jones a oedd hefyd yn gynhyrchydd *Pupur a Halen* ond erbyn hynny wedi symud lawr i Abertawe ag eisiau cychwyn rhywbeth tebyg. A fe gafodd Sharon Morgan a finne gyfle i'w wneud e'. A dwi'n meddwl ein bod ni wedi'i wneud e' am tua dwy flynedd. Rhywbeth tebyg oedd e' o ran cynnwys,

Iestyn Garlick a Sharon Morgan, etifeddwyr traddodiad *Pupur a Halen*.

o ran steil, ond yn wahanol i *Pupur a Halen* doedd ganddo fe ddim cymeriadau cyson fel oedd Dyfan wedi'u creu oedd yn ymddangos bob wythnos. Roedden ni'n tueddu i fod ychydig bach mwy ffwrdd-a-hi.

"Roedd yn rhaid cael dwy neu dair o ganeuon a roedd rheiny yn rhyw fath o Matterhorn—dyna fydde ni'n eu galw nhw—fe fydden ni'n cymryd tua ugain munud i wneud y rhaglen a rhyw dair awr wedyn i wneud y caneuon. Erchyll o beth bob bore dydd Gwener. Roedd angen llawer o raffau a chrampons a phethe i gyrraedd y top. Roedd y defnydd yn dod o bob man.

"Rwy'n cymryd mai'r un pobol—pobol fel John Gwilym Jones oedd yn gyfrifol am lot o'r caneuon. Geraint Davies oedd yn gynhyrchydd yn Abertawe, roedd e'n sgrifennu lot o ganeuon, fe a Gwyndaf Roberts, a oedd hefyd yn gynhyrchydd yno. A nhw, druain, oedd y band oedd yn gorfod fy arwain i fyny'r mynydd felltith yma. Fi a Sharon fyddai yno'n bennaf. Ond ar adegau fe fyddai Sharon yn gorfod mynd i ffwrdd i wneud gwaith actio ar y teledu neu ar lwyfan ac fe wnaeth Elinor Jones wneud nifer fawr ohonyn nhw. A mi wnaeth Sioned Mair wneud nifer hefyd. Roedd hi'n bwysig iawn fod y bobol oedd yn dod i mewn yn medru canu."

TA-TA, DAFYDD?

Roedd un o ganeuon Dafydd Iwan yn annog Ronald Regan i roi'r ffidil yn y to. Ond Dafydd ei hun wnaeth gyhoeddi ei fod e' am wneud hynny.

"Wrth gwrs, fy newis i ydi fy mod i wedi cymryd dipyn o gyfrifoldeb gyda Sain, Tai Gwynedd a Phlaid Cymru, y tri yna yn bennaf, ac felly mae hyn yn mynd a mwy o'n amser i a dw'i ddim yn teimlo y byddai'n gallu gwneud cyfiawnder a fi fy hun na'r gynulleidfa am hir iawn eto. Rwy'n teimlo bod y daith yma'n gyfle i gyhoeddi mai hon fydd y daith olaf. Ac yna mae gen i rai cyhoeddiadau yn ystod y misoedd nesa ac ambell i raglen deledu. Ac yna fe fydd y gitâr yn cael ei rhoi yn y ces am y tro olaf."

Cân y flwyddyn, yn ôl gwrandawyr *Sosban*, oedd Ysbryd y Nos, Edward H. Dafis. Ac fe gyhoeddodd y cyflwynydd, Richard Rees ei fod yntau, fel Dafydd, am roi'r gorau iddi.

Dafydd Iwan. Ta-ta? Na, na.

BLWYDDYN Y BOM

Milwyr America yn goresgyn Grenada. Cannoedd o filwyr America yn cael eu lladd gan fom yn Beirut. Taflegrau Cruise yn cyrraedd Comin Greenham. Ac fe gynhaliwyd rali fawr y tu allan i ffatri arfau'r Llywodraeth yn Llanisien. Ymhlith y protestwyr, yn cael ei holi gan Ioan Roberts, roedd Wil Sam.

"Wil Sam, 'da chi wedi teithio'n bellach na bron neb sy' yma."

"Wel do, fuo'n rhaid i mi gychwyn reit fore. Tua'r chwech yma, a dweud y gwir. Teimlo rhyw orfod. Gweld difrifoldeb y sefylla. Teimlo fod yn rhaid i mi ddŵad, wir."

"Dydan ni'n gwybod amdanoch chi fel un sy' wedi bod yn heddychwr drwy'ch oes. Yn fyd digon unig, mae'n siŵr, yng nghyfnod y rhyfel a ballu. Sut deimlad ydi o heddiw i fod ynghanol torf fel hyn?"

"Wel, ar un olwg teimlad hapus gweld cymaint yma. Wrth gwrs, o feddwl mor ddifrifol yw'r sefyllfa, fe ddyla fod llawer iawn mwy yma. Ond eto'i gyd mae o'n deimlad sydd yn codi calon rhywun."

Yna, wythnos cyn y Nadolig, fe ffrwydrodd bom y tu allan i siop Harrods yn Llundain gan ladd chwech o bobol.

Wel, Dennis, rydyn ni wedi cael good news yn y post heddiw."

"Do, Margaret?"

"Nodyn byr personol oddi wrth fy trusted friend, Ronald. Roedd e'n most upset i glywed mod i'n most upset o glywed am ei upset ef yn Grenada. Ac eisiau gesture fach o goodwill jyst i ddangos nad oes upsets yn parhau rhyngom ni."

"Fair play, whare teg, Margaret, mae Ronnie bob amser yn fine gentleman. Ond beth yw'r gesture, Margaret?"

"Gwyliau, Dennis, cariad. Gwyliau. Ar ôl yr holl hassles dw'i wedi gael yn ddiweddar fe fydd break fach yn dderbyniol iawn."

"Oh, great, Margaret. Smashing. Ga'i ddod gyda chi? I ble fyddwn ni'n mynd? Y States?"

"Na, na. Ar Cruise, Dennis bach. Ar Cruise."

Sharon Morgan a Iestyn Garlick ar *Crafu'r Gwaelod.*

Bu Wil Sam ar sgawt i Gaerdydd mewn protest ond nid ar foto-beic.

1984

AR ORWEL AGOS

"Wele gwawriodd 1984, ac mae'n bur debyg eich bod chitha, fel finna, yn rhy brysur yn nyrsio pen mawr i feddwl gormod am y Brawd Mawr. Wedi'r cyfan, mae meddwi'n gaib Nos Galan yn un ffordd o anghofio yr hyn a welodd George ar ei Orwel."

Dull unigryw John Roberts Williams o groesawi'r Flwyddyn Orwelaidd. Ac fe fu Moc Rogers yn esbonio mwy am awdur *1984.*

"Fe'i ganwyd e' yn 1903. Sais Seisnig iawn odd e'. Nid Orwell oedd e', gyda llaw, pan ganwyd e' ond Blair—Eric Blair odd 'i enw fe.."

A bu Siân Edwards yn datgan fod rhan o broffwydoliaeth Orwell eisoes ar fin cyrraedd.

"Heb unrhyw ffrils Orwelaidd mae'r *New Scientist* yn taro nodyn iasoer gyda'r wybodaeth y bydd pob pasport Prydeinig, o'r flwyddyn nesa ymlaen, yn un y gellir ei ddarllen ar gompiwtyr. Chawn ninnau ddim croesi'r un ffin wedi hynny nes i'r geiriau hudolus 'no trace' fflachio'i fyny ar y sgrîn i ddangos ein bod yn gymeriadau dilychwyn, neu dderbyniol gan yr awdurdodau, o leiaf."

Gydag arwyddocâd Blwyddyn Orwell mewn golwg, bu Eiry Palfrey yn edrych ar y ser.

"Newidiadau pwysig hefyd yn y byd yn effeithio America, Rwsia a De Affrica. Rwy'n credu fod De Affrica yn mynd i fod yn y newyddion lawer iawn eleni. Mis Chwefror—posibilrwydd o drais. Fydd yna broblem dros Arlywyddiaeth Rwsia. Ry'n ni'n gwbod yn barod am y broblem honno—bod e'n sâl—hynny yw, os dyw e'n byw, druan bach.

"Hefyd ym mis Chwefror fydd yna broblem dros iechyd yr Arlywydd Regan. Daeargrynfeydd ym mis Chwefror. Tanau a cholledion llongau."

A do, ym mis Gorffennaf fe siglwyd Llŷn ac Eifionydd gan y ddaeargryn fwyaf a welodd y wlad yma'r ganrif hon gan fesur 5.7 ar y Raddfa Richter. A do, fe fu yna brotestiadau gwrth-apartheid yn ystod y flwyddyn. Ac ym mis Chwefror, ar y 13eg o'r mis, fe fu farw Arweinydd yr Undeb Sofietaidd. Yuri Andropov, neu Anthropos, chwedl Ifas y Tryc.

Oedd, roedd Eiry yn agosach i'w lle nag Orwell cyn belled ag yr oedd proffwydo digwyddiadau 1984 yn y cwestiwn.

Ond eironi mwyaf blwyddyn Orwell oedd i seren y ffilm *1984*, Richard Burton, farw yn ystod yr un flwyddyn.

Mentrodd Eiry Palfrey broffwydo cwrs y flwyddyn Orwelaidd wrth Ruth Parry.

WIL A FI A'R WAL

Ar ddechrau'r flwyddyn bu farw un Brawd Mawr, sef y *Sosban*. Ac fe anwyd Brawd Iau, *Cadw Reiat.*

Y ddau DJ oedd Dewi Williams ac Eleri Davies. Fe gymerodd y grŵp Ceffyl Pren tua'r awyr ar hofrennydd i roi sylw i'r Ŵyl Roc ar y Taf, y cyngerdd pop Cymraeg cyntaf i'w gynnal yn Neuadd Dewi Sant. Ac wrth gael ei holi gan Aled Glynne Davies fe fynnodd Gareth Morlais mai ateb Cymru oedd hwn i Tom Jones a ser pop Seisnig eraill oedd yn hedfan. Unrhyw beth fedrai Tom Jones a ser eraill ei wneud, fe allai cerddorion pop Cymru wneud yr un peth.

Fe gynhaliwyd Noson Wobrwyo *Sgrech* yng Nghorwen. A Nic Parri fu'n goleuo gwrandawyr Radio Cymru ar bwy ddewiswyd yn brif grŵp roc Cymru.

Pwy oedden nhw? Wel, Maffia Mr Huws. Ac fe fu'n benderfyniad poblogaidd tu hwnt.

Ond doedd pob datblygiad ddim yn derbyn yr un fath o unfrydedd. Fe fu hi'n ddadl danbaid rhwng Derec Brown a Glyn Tomos, golygydd *Sgrech*, cylchgrawn oedd yn cynnwys colofn bryfoclyd *Wil a Fi*. Fel ymateb i sylw gan Gareth Morlais mai ei ddymuniad blwyddyn newydd fyddai gweld dymchwel y wal Ferlinaidd oedd yn bodoli rhwng De a Gogledd fe aeth hi'n rhyfel rhwng y ddau arall.

"Dwi ddim yn credu bod yna wal," meddai Glyn. "Dwi'n credu mai'r gwirionedd ydi bod pobol ddim yn ymwybodol o'r sefyllfa. Maen nhw'n edrych arno fo o'u persbectif nhw'u hunain. Pan fyddwn ni'n mynd o gwmpas dawnsfeydd, da'n ni'n gwrando ar bobol. Nhw ydi'r bobol sy'n prynu recordia. Nhw ydi'r bobol sy'n mynd i ddawnsfeydd. A 'dyn ni'n adlewyrchu'r hyn sy'n digwydd. Nid dod yma i amddiffyn *Wil a Fi* ydw i. . . "

Cwestiwn Derec Brown oedd, pwy oedd *Wil a Fi*?

"*Sibrydion Wil a Fi*—wel mae'n golofn arbennig mae sawl cyfrannwr yn roid iddo fo. Mae'n rhaid i ni beidio anghofio chwaith bod 'na lot o wirionadd. . . "

"A ma' lot o gelwydd. . . "

"Wel, dw'i ddim yn gwybod. . . "

"Rwy i wedi darllen celwydd amda fi, beth bynnag. . . "

"Wel, mae hi fyny wedyn i bobol ymateb. Mae 'na lot o wir yn y ffaith fod yna rai pobol yn cael mwy o ffafriaeth na'i gilydd. Dwi'n deud mai'r hyn sy'n bwysig ydi—a mae gen i ofn fod y cyfrynga'n chwara rhan bwysig yn hyn oherwydd ma'r gallu ganddyn nhw i ddewis pwy sy'n dŵad i raglenni. A fel dwi'n deud, mae teledu a radio yn bwysig er mwyn rhoi sylw. A'r hyn sy'n digwydd, dwi'n ddeud, yw . . . "

"Adlewyrchu be' sy'n digwydd yng Ngwynedd wyt ti."

"Wel na. . . "

"Wel, ar ôl yr holl gelwydd a'r holl rwtsh dwi i wedi'i ddarllen yn *Wil a Fi* dwi'n credu ei fod e'n sarhad bo ti'n neis-neis mewn llythyr a'r holl rybish dwi'n 'i ddarllen yn *Wil a Fi*."

"Mae hynna yn gwbwl ddi-sail. Dwi jyst yn danfon allan at bobol fel dwi'n gweld y sefyllfa ac os oes yna grwpia yn perfformio'n gyson a gwneud cyfraniad mawr. . . "

"Wel, fe fuon ni'n perfformio'n gyson blwyddyn diwetha am o leia saith, wyth mis a chawson ni ddim sylw o gwbwl yn *Sgrech*. A dyna'i gyd own i'n gâl, popeth own i'n ei roi ar blastic. . . Rwy'n teimlo 'i fod e'n rhywbeth hollol fwriadol."

"Fyswn i'n teimlo, a fysa Derec yn anghytuno, dydi Derec ddim yn brin o sylw, nag ydi? Hynny yw, ti'n cael sylw teilwng iawn, fyswn i'n feddwl."

"Ymhle, nawr?"

"Drwy gyfrwng y cyfrynga radio a. . . "
"Ddim ond whare records fi, na'i gyd. Mae nhw'n whare records pawb."
"Na, fyswn i ddim yn cytuno â hynna. Ti'n cael sylw. . . "
"Na. . ."
A felly y parhaodd hi am sbel. Oedd, roedd hi'n bedlam. Ac yn y Brifwyl yn Llambed, Bedlam oedd enw'r babell ieuenectid.

COFIA'R MORGRUGYN

Un o raglenni mwyaf poblogaidd Radio Cymru ar hyd y blynyddoedd oedd *Byd Natur*. Y cadeirydd oedd Robin Williams ac fe godai ambell gwestiwn a barai gryn benbleth i'r panel. Fel hwn.

"Fin nos yr Haf diwetha ar ôl diwrnod tanbaid sylwais ar nifer o forgrug yn croesi nôl a blaen ar draws y ffordd tuag at y tŷ yma, ffordd dar-macadam. Sylwi

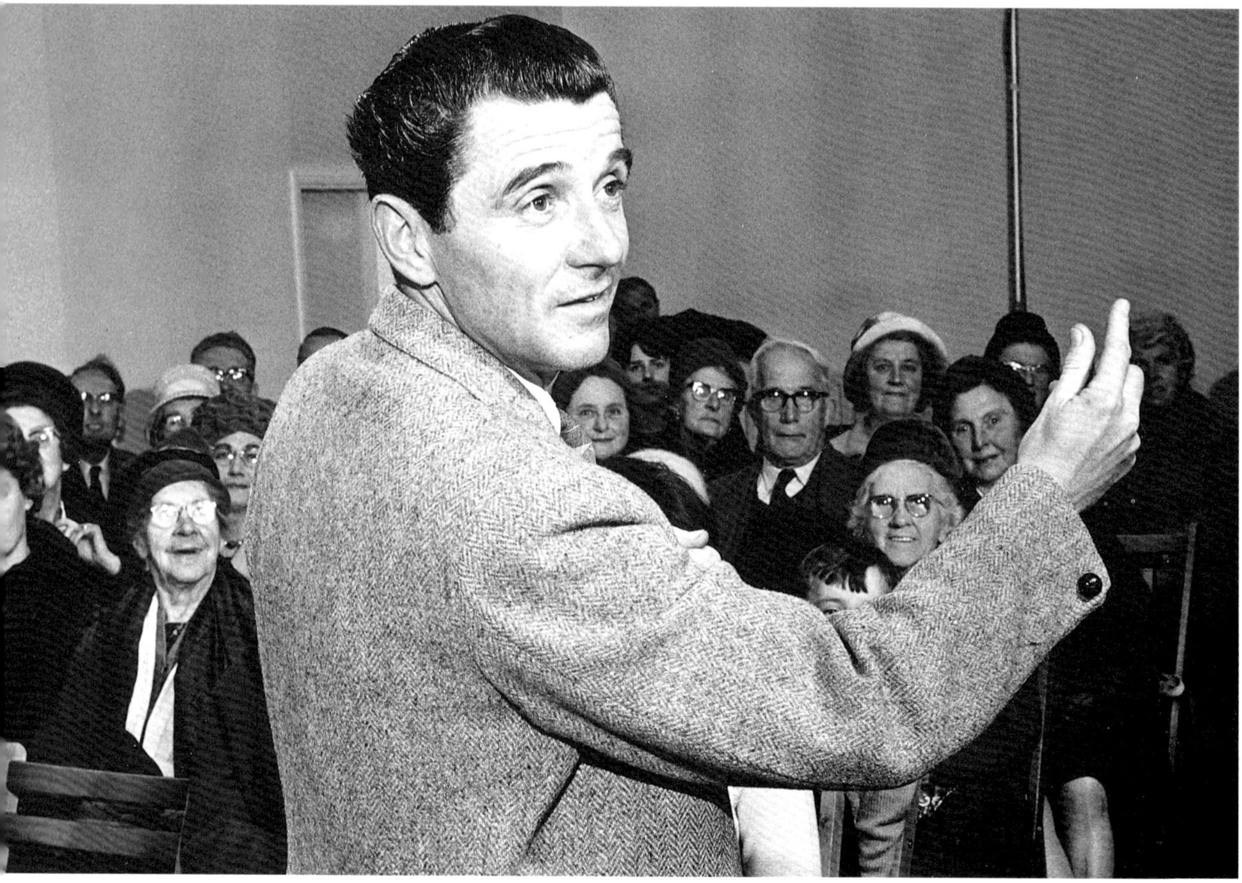

Roedd *Byd Natur* yn nwylo sicr Robin Williams.

Criw hwyliog *Byd Natur* - Elwyn Morris, TG Walker, Ffowc Williams ac RE Vaughan Roberts.

mewn syndod eu bod oll, wrth groesi, yn dilyn llinell union, bron, yn ôl a blaen ar draws y ffordd. Bron na ddywedwn nad oedden nhw'n camochri mwy na hanner-modfedd yn awr ac yn y man. Cadw llygad barcud arnynt a sylwi hefyd os mynd i'r dde, beidio troi yn ôl. A'r un fath, os yn cyfeirio i'r chwith. Ni welais unrhyw sylwedd yn cael ei gario ganddynt. Rhoddais fy mys ar un man ar eu llwybyr a'r canlyniad oedd iddynt chwalu i bob man yn y fan honno'n unig. Yna ailffurfio yn llinell union drachefn. Ddwy awr yn ddiweddarach roedd yr un perfformans yn mynd ymlaen."

Elwyn Morris gynigiodd ateb.

"Wel, gan fod morgrug yn greaduriaid synhwyrus iawn, a mae gan bob nythiad eu ogla arbennig eu hunain, yr hyn mae morgrug—a gwenyn hefyd, o ran hynny—yn ei wneud ydi chwythu ogla arbennig allan o chwarennau sydd ganddyn nhw. Ac felly mae'r morgrug sydd y tu nôl yn dilyn ogla'r morgrugyn sydd o'i flaen o."

PRIS Y GLO

Stori a fu'n ganolog i Radio Cymru yn ystod 1984 oedd streic y glowyr pan glywyd lleisiau'r streicwyr a'u teuluoedd ynghyd â'r gwleidyddion, o Margaret Thatcher i Arthur Scargill yn britho'r rhaglenni newyddion a nodwedd. Ac fe fu Cymraes, a honno'n Aelod Seneddol newydd dros Gwm Cynon, yn rhoi safbwynt personol a hanesyddol. Dyma beth oedd gan Ann Clwyd i'w ddweud.

"Fydd yna gofio yn y cymoedd am yr hyn sydd wedi digwydd yn ystod y streic yma fel y bu yna gofio am 1926. Mae pobol yn dal i son am scabs 1926 a phobol oedd yn perthyn iddyn nhw. Ac mae'r cof mor fyw ym 1984 ag oedd e' ym 1926. Mae'r un, yn anffodus, yn mynd i fod yn wir yn y dyfodol."

Yn eironig, fe gafwyd yn ystod y flwyddyn gyfres gan Sulwyn Thomas pan fu'n holi cenedlaethau o lowyr. Ymhlith y rhai a holwyd gan Sulwyn yn ystod y gyfres roedd gŵr hynod a oedd bron iawn mor hen â'r diwydiant ei hun, John Evans Llewitha.

"O'wn i'n dechre gwitho cyn bo' fi'n dair-ar-ddeg o'd. Ar y *nineteenth of August* o'wn i'n câl 'y nhair ar ddeg, chi'n gweld. Ond o'wn i'n gwitho mor gynted ag yr odd yr holides yn dŵad. O'wn i'n mynd lawr ar y dydd Mawrth ar ôl y *Bank Holiday* i bwll *Number Two* Garngoch. A dyna pryd ddechreues i."

"Shwt o'ch chi'n teimlo'r bore hynny?"

"O, mynd lan own i wrth fynd lawr. Odd e'n mynd trwyddoch chi i gyd, chi'n gwbod. Newydd sinco, newydd fynd miwn odd e', chweld. Odd e' ddim wedi mynd miwn ymhell. Drwso own i ar yr *heading* cynta odd yn câl 'i throi oddi ar y *main* odd yn mynd miwn. Odd e' miwn tua hanner-canllath o'r pwll cyn bod nhw'n troi. Wedyn odd dou halier gyda fi miwn fanny. Odd yn rhaid i fi ofalu bod y drws ynghau o hyd. Own nhw'n mynd yn weddol o fishi drw'r dydd."

Wel, shwmai yr hen ffrind,
Mae'n braf iawn dy weld ti gartre fel hyn;
'Dyn ni ddim wedi cwrdd
Ers i ti hel dy bac a rhedeg i ffwrdd.
Ac rwy'n cofio nawr, ni'n meddwl bod ni'n fechgyn mawr
Yn cerdded gyda'n tadau y llwybyr hir i'r pyllau,
O, la-la-la-la. . .

"Ma raid i ni ennill y frwydr hyn. Neu 'dwi i'n gweld dim byd gwerth mynd nôl iddo fe. . .

"Y man gwaetha i fi odd mynd mewn i offis y *Social Security* ar y dechre. . . "

"Nadw, sai'n cefnogi'r streic o gwbwl. Achos sai'n gweld ni'n gaino dim byd. Wi'n gweld e' fel bwrw pen yn erbyn clawdd. A nôl ddyle ni fynd. . . "

. . . Ac rwy'n cofio'r tro ar lethrau'r glo
Yn sgathru ein glunie wrth ddringo am y gore,
O, la-la-la-la. . .

"Dw'i ddim yn credu awn ni ar 'yn gwylie leni—nac am lawer o flynyddodd i ddod."

"There is no surrender. We'll win, we'll fight. And we'll die in the attempt."

. . . Ma'r graig yn sownd o dan ein traed,
A chariad at y cwm yn berwi yn ein gwaed.

(*Cân y Cwm* Huw Chiswell a sylwadau rhai o'r glowyr a'u teuluoedd)

Deil *Talwrn y Beirdd* i synnu ac i swyno. Ambell dro ceir pethau digon gwachul a rhagfarnllyd o galon ambell i fardd ond mae Gerallt yn ddigon henffel-glên i ddelio â phopeth. Ambell dro y mae yntau yn gorfoleddu hyd at golli gwynt ac yn canmol darn o farddoniaeth sy'n rhoi bri ac anrhydedd i'r *Talwrn*: dyna a ddigwyddodd ar Orffennaf 15 gyda Hir a Thoddaid Dic Jones i'r 'Eiliad'.

Hwnt i ryw ffin nad oes mo'i diffinio
Mae dechrau'n ddarfod, a bod yn beidio;
Hen ydoedd heddiw yng nghrud ei ddyddio,
Yn ddiarwybod yn ddoe'r â heibio;
Mae'n barhaus, y mae'n brysio—yr un pryd,
Mae oesau'r byd yn yr ennyd honno.

Hafina Clwyd, *Y Faner*, 27 Gorffennaf.

RHWNG PENCARREG A PHANT-TEG

Fe ddaeth Eisteddfod Llambed ac fe gafodd y beirdd Bagoda yn lle'u hen Babell Lên bren. Cipiwyd y Gadair gan Aled Rhys Wiliam. John Idris Owen enillodd y Fedal Ryddiaith. Ac enillydd y Goron oedd John Roderick Rees am ei bryddest *Llygaid.* Ac ar Radio Cymru, ychydig ar ôl gwefr ei awr fawr, bu'n esbonio cefndir ei gerdd.

"Ceisio bod yn wrthrychol, hyd y gallen ni, o'n i. Ceisio bod yn deg a phawb. Gwisgo cap barnwr, fel petai. Ofn bo fi ddim yn gwneud cam ag un dosbarth. Rhywbeth felna. Ddim fy mod i'n ceisio cyflawni dim drwy'r bryddest. Fedrwch chi ddim, mewn gwirionedd drwy eiriau. Ond croniclo a cheisio croniclo mor gytbwys ag y medrwn i. Rhywbeth felny.

"Teimlo bod yr un pethe yn cael eu rhygni o hyd ac o hyd. Ein bod ni'n cael ein gorthrymu a'n hysbeilio fel hyn a fel arall. A cheisio gweld fel yr oedd hi, mae'n dewis ni ydi llawer o'r hyn sy'n digwydd i ni. Neu o leia canlyniad ein gweithredoedd ni.

"Rwy'n sefyll fan hyn nawr rhwng Pencarreg a Phant-teg ac yn cael golwg ar glwstwr o dai. Tai unnos ar eu newydd wedd. A thai unnos odd y rhain yn yr hen amser. Ac roedd yna boblogaeth ofnadwy ym Mhenuwch yma ar un adeg. A rywsut neu'i gilydd ma'r boblogaeth 'ma'n dal gyda'r dynion 'ma sy' wedi dod o bant.

"A drychwch yn union o mlaen i fan hyn, ma' lle bach fan hyn o' tana'i—Sais o rywle yn magu gwningod. Sied hir ar gyfer y farchnad tewhau. Nes draw ma' Pant-teg. Lle wedyn yw Tŷ Nant a phobol wedi ymddeol yn byw yna. Saeson eto. A nes ymlaen eto, lle sy'n cael ei alw'n Cae Glas—fel Lluest y Gors rwy i'n ei gofio fe—Saeson sy' fanna hefyd. Dynion newydd ddod nawr. Llawer o newid wedi bod. A mae 'na dŷ newydd wedi'i godi gan Sais lan fanna. Mr Holman sy'n grefftwr, yn grefftwr da. Wedi bod yn athro ac yn byw nawr ar waith ei ddwylo."

Wrth i Radio Cymru droi fwy-fwy at ddefnydd o'r teleffon gyda gwrandawyr yn ffonio'n barhaol, ac *Alun yn Galw* yn troi at *Galw Alun*, fe gyfansoddwyd englyn amserol iawn i'r *Post Prynhawn* gan Wyn Roberts.

Gwenaf, mae'r ateb gen i—yn dalog
Deialaf heb oedi;
Ond go dam! Dyna giami—
Daw dim ond rhyw *di-di-di.*

1985

CALENNIG YN GYFAN

Ar ddechrau blwyddyn newydd bu Elena Griffiths o Dinas, Abergwaun yn cofio croesawu'r Calan pan oedd hi yn ferch fach.

Deffrwch, benteulu, tyma fore'r flwyddyn newy,
Wedi dod adre o fewn 'i ddrwse;
Drwse ynghloion, wedi eu paro,
Dros y nos. O mistres fach fwyn, gwrandewch ar ein cwyn
Blant ifenc y'n ni, gollyngwch ni i'r tŷ,
Gollyngwch ni gloi, 'da ti un man i ffoi,
Rhowch Galennig yn galonnog
I blant bach sy' heb ddim ceinog.

BLWYDDYN NEWYDD . . . DDA?

"O ddyfal ddarllen y papurau rhaid i minnau ddweud ei bod hi'n ymddangos fel petasa ni'n wynebu'r flwyddyn newydd yma gyda llai o hyder na'r un flwyddyn ers blynyddoedd. Ydach chi'n dal i boeni am drueiniaid Ethiopia ac Affrica? Ydi streic y glowyr yn croesi'ch meddwl chi o gwbwl? Os ydi chi o gyrraedd ac o glyw y maes glo mi atebai drosoch chi, os oes raid."

Fel yna y cyfarchodd John Roberts Williams y flwyddyn newydd. Ac er iddynt wneud hynny mewn ffordd llai difrifol, rhywbeth yn debyg y gwelodd criw *Crafu'r Gwaelod* bethe hefyd.

O, blwyddyn newydd dda, Margaret.
Diolch, Dennis. Blwyddyn newydd dda i chithe hefyd.
Ydych chi wedi gwneud addun. . . addun. . . y 'new year's revolution', Margaret?
Ydw, Dennis, dw'i wedi penderfynu ar ôl 1985 na fydd fyth streic lo eto.
Ond sut 'da chi am sicrhau na fydd yna streic lo eto, felly?
O, hawdd, Dennis. Dwi'n mynd i gau y pyllau i gyd.

Na, nid jôc oedd hi. Canlyniad y streic, a barodd am flwyddyn namyn mis, oedd cau un-pwll-ar-ddeg yng Nghymru, un am bob mis o'r streic.

Bu colled o fath gwahanol. Yng Nghwm Rhymni cafwyd dau löwr 21ain oed, Russell Shankland a Dean Hancock yn euog o lofruddio gyrrwr tacsi, David Wilkie, drwy daflu lwmp o goncrid ar ei gar wrth iddo gludo glöwr a oedd wedi torri'r streic i'w waith. Gwyn Llewelyn fu'n pwyso a mesur y digwyddiad a'i ganlyniadau.

Fe ddaeth Aled Gwyn yn lladmerydd problemau'r lofa.

"Sut mae'r cadfridogion yn teimlo heddiw, tybed, ddeufis wedi terfyn y rhyfel ofer a dau o'r milwyr yn wynebu oes o garchar? Ond ai llofruddiaeth yr hyn a gyflawnwyd yng ngwres tanbaid y bore rhynllyd hwnnw o aeaf? 'Ar Arthur Scargill mae'r bai 'mod i yma,' meddai Russell Shankland ar ôl cael ei arestio, yn ôl tystiolaeth yr heddlu. Shankland, y gŵr a bleidleisiodd yn erbyn y streic. A Scargill a ddaeth i Borthcawl ddyddiau wedyn i awgrymu fod modd cyfiawnhau popeth er mwyn cael y maen i'r wal."

Yn ddiweddarach, yn y Llys Apêl, fe newidiwyd y dyfarniad i ddynladdiad yn hytrach na llofruddiaeth a danfonwyd y ddau i garchar am wyth mlynedd.

Drannoeth y drin fe fu pwyso a mesur rôl y wasg a'r cyfryngau drwy gyfnod y streic. Ond wrth edrych yn ôl doedd gan y Dr John Davies ddim amheuaeth am rôl Radio Cymru yn ystod y cyfnod trist hwnnw.

"Wel dwi yn cofio'r deunydd gawson ni gan Radio Cymru pryd 'ny ac Aled Gwyn, falle, odd y prif ohebydd yn y maes. A odd e'n ffodus ar ryw olwg am fod cyfran helaeth o'r glowyr o hyd yn Gymry Cymraeg, yn enwedig yn Sir Gaerfyrddin a rhanne o Forgannwg. Rwy'n cofio dilyn y peth ar Radio 4 ac ar Radio Wales ac rown i'n meddwl, ar ryw olwg, fod y gwasanaeth Cymraeg yn rhagori. Roedd e'n fwy agos-atoch chi ac roedd yna barodrwydd i drafod y peth yn helaeth o gydnabod, wrth gwrs, fod y diwydiant glo wedi bod yn ganolog i'r Cymry yn y ganrif a aeth heibio."

Ai ofer fu'r cyfan? A gollwyd popeth? Na, meddai un wraig a fu'n gefnogol i'r streic wrth siarad ar Radio Cymru.

"R'yn ni wedi dysgu gwneud pethach newydd gan y'n ni'n moyn mynd nôl i'r aelwyd nawr fel o'n ni o'r blân. Ni'n gorffod mynd mlân. Ry'n ni wedi dysgu pethach newydd, ffordd o fyw newydd. Own ni'n byw bywyd sosialaidd yng Nghymru. 'Ni wedi cryfhau yn ein ffydd. 'Ni wedi cryfhau yn ein deall ni. 'Ni wedi cryfhau fel menywod. 'Ni gyda'n gilydd nawr. O'r blân o'n ni arwahan. A wi'n credu ma' hwn odd un o'r pethach gore i ddod allan o'r streic."

Gwelwyd datblygiad newydd yn hanes rhaglenni radio fore Gwener diwethaf. Dewis enw ar raglen nid er mwyn cyfleu ei chynnwys ond i dynnu sylw ati. Dyna eglurhad Alun Evans am enw'i raglen ***Melin Gaws Mr Ifans*** *dydio ddim fod i neud sens, dim ond tynnu sylw ato'i hunan. Syniad gwerth ei eangu. Rhoi enwau gwirion ar raglenni er mwyn cosi pobl i wrando. Edrychaf ymlaen at weld newid* ***Post Prynhawn*** *yn "Twll, Hen Nicyrs a Thrôns",* ***Newyddion Saith*** *yn "Rwdins Wyth a Choch",* ***Caniadaeth y Cysegr*** *yn "Yn Noeth mewn Dillad Glas" a* ***Melin Gaws Mr Ifans*** *yn "Rhaglen Drafod efo Alun Evans".*

Wythnos Gron, *Y Cymro* Hydref 9fed.

STEDDFOD SYMUDOL

Ar *Stondin Sulwyn* fe godwyd gwrychyn y genedl gyfan wrth i Sulwyn gyhoeddi fod yr Eisteddfod Genedlaethol i'w chynnal y tu allan i Gymru ym 1991. Fe fu'r ymateb yn stormus, a dweud y lleiaf.

"Wel, mae hyn yn cadarnhau be' 'da ni wedi bod yn ei ddweud ar hyd y blynyddoedd mai dim ond Steddfod i'r dosbarth canol yw'r Eisteddfod Genedlaethol bellach. Os ewch chi a hi i'r America, pwy gythral o'r werin sydd â'r arian i fynd i'r America? Mynd â hi yna jyst ar gais yr Americanwyr sy'n honni mai nhw ydi'r Cymry gora. Eu dyletswydd nhw yw dod yn ôl i gynnal y genedl Gymraeg yma yng Nghymru. Does dim disgwyl i ni fynd â rhyw sioe, a rhyw syrcas i America ar eu cyfer nhw. . ."

"Y gwir plaen, a waeth i ni'i wynebu fe ddim, Sulwyn, yw mai dim ond y crachach Cymraeg yn eu *Volvos* a'u carafanau sy'n gallu mynd i'r Steddfod fel mae hi rŵan. Meddyliwch am eich sir chi, Sulwyn, meddyliwch am ardal Rhydaman, Garnant, am Gwm Gwendraeth. Meddyliwch chi am y diweithdra uchel, y dyledion sydd yna ar ôl streic y glowyr. Faint o werin y gorllewin sy'n gallu fforddio mynd fyny i'r Rhyl yr Haf 'ma? A faint o werin lle fel Gwynedd, sy'n ddi-freintiedig a sydd â diweithdra uchel, faint o bobol Gwynedd all fynd lawr i Abergwaun y flwyddyn nesa'. . . ?"

"Wedi cael sioc ofnadwy, achan. Wedi dychryn fel teulu yma. Wedi stryglo am flynyddoedd cario bwcad *Elsan* i'r Steddfod. A be' sy'n digwydd rŵan, e'? Dwi'n meddwl ein bod ni'n mynd yn rhy bell. Petai'r Steddfod yn cael cynnig mynd i Lundan neu rwla—dwi'n meddwl iddi gael ei gwadd i Lundan rai blynyddoedd yn ôl, a gwrthod wnaethon nhw fynd i fanno. Rargian fawr. . ."

Petai'r protestwyr wedi digwydd edrych ar y calendr fe fydden nhw wedi sylweddoli ei bod hi y cyntaf o Ebrill.

> *Bu Gareth Pierce yn trafod y modd y deliodd y gwahanol gyfryngau â Ffŵl Ebrill. Cofiaf innau hefyd am 'San Seriffe' yn y* **Guardian** rai blynyddoedd *yn ôl ac ni welwyd na chynt na chwedyn ddim byd tebyg i'r stori honno. Llongyfarchiadau i'r* **Stondin Dyddiol** *hefyd am orchest o dwyllo.*
>
> Hafina Clwyd, **Y Faner** Ebrill 19.

GRYM Y GÂN

Os oedd eisteddfodwyr braidd yn gyndyn i fynd â'r Brifwyl i America roedd yna ddwylo yn barod iawn i ymestyn dros y môr. Cân i Gymru 1985 oedd 'Ceiliog y Gwynt', yn cael ei chanu gan Bwchadanas ac wedi ei chyfansoddi gan Euros Rhys. Ond cân arall wnaeth ddenu'r prif sylw, cân a sbardunwyd gan Band Aid Bob Geldof i godi arian at y newynog yn Ethiopia.

Enw'r gân oedd 'Dwylo Dros y Môr'. Bu'r cyfansoddwr, Huw Chiswell, yn esbonio cefndir y cyfansoddi ynghyd â'r sesiwn yn Stiwdio Loco ym Mrynbuga, lle gwnaed y recordiad, wrth Richard Rees.

"Fel arfer, os 'di chi'n teimlo'n gryf dros rywbeth, mae'n itha hawdd sgrifennu rhywbeth amdano fe. Ond na wir, odd e'n jobyn penderfynu beth yn union odd gweud yn y gân, achos odd pawb arall wedi gweud yr un peth. Felly, ffeindo rhywbeth fydde'n boblogedd, gobeitho, a rhywbeth y bydde pawb yn gallu uniaethu ag e' a treio rhoi hwnna drosodd.

"Ma'r ysbryd yma wedi bod yn un arbennig o dda. Pawb mewn hwyliau gwych. Lot o wherthin. Lot o hwyl a sbri. A mae e' wedi bod yn ddiwrnod da, wi'n credu."

Digwyddiad dipyn yn nes adre wnaeth sbarduno Geraint Lovgreen i gyfansoddi Cân y Tribiwnlys. Hen bobol yn gorfod siarad Saesneg am nad oedd y staff yn medru'r Gymraeg wnaeth danio'r dychymyg. A dyfarniad Tribiwnlys y Comisiwn Cydraddoldeb Hiliol oedd fod Gyngor Gwynedd wedi ymddwyn yn hiliol am wrthod cyflogi dwy ferch di-Gymraeg i weithio yn un o gartrefi henoed y Cyngor.

MAES Y GWAED

Fe drodd rhai o feysydd y campau yn feysydd y gwaed. Ar faes pêl-droed Bradford bu farw dros hanner-cant o gefnogwyr mewn tân. Ac ar faes pêl-droed Heysel ym Mrwsel bu cyflafan. Yno roedd Roger Edwards o Ruthin ymhlith cefnogwyr Lerpwl. Ac wrth ymateb i gwestiynau Gwilym Owen bu'n gignoeth o onest.

"Yn y lle cynta roedd y cae yn rhy fach ar gyfer gêm 'European Cup Final'. Yn ail, y trefniadau yn warthus, cyn y gêm ac ar ôl i'r helynt ddechre. Yn drydydd, rown i'n gweld bai ar 'supporters' Lerpwl a 'supporters' Juventus."

"Doedd yna ddim mwy o fai ar gefnogwyr Lerpwl?"

"Wel, roeddwn i'n agosach at gefnogwyr Lerpwl felly own i'n gweld fwy o be' oedden nhw'n wneud."

"Ydach chi'n teimlo y dyla'r gêm fod wedi mynd ymlaen?"

"Nac ydw. Ar ôl imi glywad fod gymaint wedi cael eu lladd rown i'n disgwyl i'r gêm gael ei gohirio."

"Sgyno chi ddim cywilydd y bore 'ma eich bod chi'n un o gefnogwyr Lerpwl?"

"Oes, mae gynno'i andros o gywilydd."

Do, fe wnaeth trychineb Heysel effeithio arnom ni yng Nghymru hefyd. Ond ni'r Cymry oedd â'r achos mwyaf i ddathlu pan enillodd Cymro y *Grand National*. Do, ar Last Suspect, fe ddaeth Hywel Davies a'r clod a'r anrhydedd yn ôl gydag ef i Langoedmor.

CADAIR I DDYSGWR

Yn yr Eisteddfod Genedlaethol yn Y Rhyl fe gafodd enillydd y Gadair fwy o gymeradwyaeth na nemor yr un arall o'i ragflaenwyr. Fel hyn y clywodd gwrandawyr Radio Cymru yr Archdderwydd Elerydd yn cyhoeddi enw a chefndir y bardd buddugol.

"Robat Powell, Treforys. Fe gafodd ei eni a'i fagu yng Nglyn Ebwy, Gwent. Ym 1970, graddiodd mewn Almaeneg. A dyma'r frawddeg. Rwy am i chi gymeradwyo nawr. Yn ystod y cyfnod hwnnw, dysgodd Gymraeg."

Bu'n sgwrsio'n ddiweddarach â Beti George, a ofynnodd iddo a fyddai'n mynd yn ôl yn aml i'w fro enedigol?

"Byddaf, mae'n rhieni yn dal i fyw yna."

"Ydyn nhw'n deall yr hyn sy' wedi digwydd i chi? Y newid mawr yma sy' wedi digwydd i chi yn eich personoliaeth siŵr o fod, a phopeth?"

"Mae'n anodd iawn gwbod. Mae'n bosib eu bod nhw'n dal i weld dau berson—un, mab Seisnig gyda nhw, achos Saesneg fyddai'n siarad â nhw bob amser—a'r person arall yma sy' wedi mynd i'r byd Cymraeg. Ag efallai eu bod nhw'n dal i edrych ar hwnnw o'r tu allan."

Bu'n flwyddyn o golledion mawr yng Nghymru. Bu farw'r darlledwr a'r bardd Harri Gwyn. Yr Aelod Seneddol Tom Hooson. Laura Ashley. Y pensaer Dewi Prys Thomas. A'r newyddiadurwr John Eilian.

A bu farw tri o gewri llên mwya'r ganrif: Y Doctor Kate Roberts, Syr Thomas Parry, a Saunders Lewis.

Ar Radio Cymru, fel teyrnged i Saunders, clywyd ef yn darllen un o'i gerddi ei hun, Gweddi'r Terfyn, cân iasol o amserol.

Mae'n brofiad i bawb na ŵyr neb arall amdano.
Pob un ar ei ben ei hun yn ei ddull ei hun
Piau ei farw ei hun
Trwy filiynau blynyddoedd yr hil.
Gellir edrych arno, gellir weithiau adnabod yr eiliad;
Ni ellir cydymdeimlo a neb yn yr eiliad honno
Pan baid yr anadlu a'r person ynghyd.
Wedyn? Nid oes yn ymestyn i'r wedyn ond gweddi'n ymbalfalu. . .
Ni all ein geiriau olrhain ymylon mudandod
Na dweud Duw gydag ystyr.
Un weddi sy'n aros i bawb, mynd yn fud at y mud.

Yr athrylith mawr Saunders Lewis a ragwelodd brofiad angau mewn cerdd.
Yma mae'n un o'r Tri a losgodd yr ysgol fomio.

Un o golledion mawr y flwyddyn, y bardd, y llenor a'r newyddiadurwr Harri Gwyn gyda chriw *Heddiw*.

1986

PROFFWYDI GWIR A GAU

"Mae cysgod America ar un ochr, a Rwsia ar yr ochr arall. Ond yn y rhaglen heddiw fe fyddwn ni hefyd yn cyffwrdd â'r argoelion gobaith fod cymod yn bosib ym 1986 rhwng y pwerau nerthol."

Gwyn Llewelyn yn datgan gobaith ar gychwyn blwyddyn a oedd yn Flwyddyn Ryngwladol Dros Heddwch. Ac ar Ddydd Calan fe wnaeth Reagan a Gorbachev gyfarch eu pobol ar y teledu gan addo cydweithrediad dros heddwch byd-eang.

Ond fel arall y gwelai Old Moore bethau. Ac ar Radio Cymru fe gyhoeddwyd rhai o'i broffwydoliaethau gan Allan Pickard.

"Dros gyfnod y Gaeaf, dywedir y bydd terfysgwyr yn amlwg yn y newyddion. Wel, mae'r ymosodiadau ar feysydd awyr Rhufain a Fiena eisoes wedi bod. Fe fydd yna helyntion gwleidyddol difrifol yn Ffrainc. Ac fe fydd trais yn tanseilio ymgais ddiweddaraf Llywodraeth Prydain i setlo problem Iwerddon.

"Yna, ymlaen i'r Gwanwyn. A'r prif ddigwyddiad fydd y trafodaethau heddwch rhwng y Gorllewin a'r Dwyrain. Rhyw gyfnod digon blêr a di-drefn fydd yr Haf, a neb fel petai nhw'n gwybod be' mae nhw'n wneud na pham. America yn dechrau torri ei chysylltiadau ag America Ganol a'r Undeb Sofietaidd yn delio â rhyw drychineb naturiol."

Ond wnaeth yr hen broffwyd ddim rhagweld y byddai Heseltine yn gadael y Cabinet. Dyma ymateb Gwyn Llewelyn eto.

"Heb sail ymddiriedaeth rhwng y Prif Weinidog a'i Hysgrifennydd Amddiffyn does 'na ddim lle i mi gydag anrhydedd yn y fath Gabinet—gyda'r geiriau yna y diweddodd Michael Heseltine gynhadledd i'r wasg brynhawn dydd Iau ychydig oriau wedi iddo gerdded allan o gyfarfod y Cabinet yn Downing Street gan adael bwlch na welwyd ei debyg yn oes y Llywodraeth hon."

Sgandal cwmni hofrenyddion Westland oedd y tu ôl i'r ffrwgwd. A phroffwydodd ambell ohebydd gwleidyddol y byddai hyn yn ddigon i ddarostwng y Ddynes Haearn.

"Beth bynnag am y manylion masnachol, fe ŵyr pawb fod y frwydr wleidyddol yn bwysicach na hynna. Am y tro cyntaf ers Rhyfel y Falklands mae son o ddifri am ddiorseddi Mrs Thatcher," meddai Dylan Iorwerth.

A aeth hi? Nefyr in Iwrop. Fe aeth, yn hytrach, Leon Brittan, yr Ysgrifennydd Diwydiant a Masnach ymhen pythefnos. A chwmni Westland bythefnos yn ddiweddarach eto, wedi'i werthu i gwmni Sikorski o'r Taleithiau Unedig.

AR Y STRYD, YN YR AWYR

Fe welodd y flwyddyn y newid mwyaf yn hanes newyddiaduraeth wrth i ddiwydiant traddodiadol Stryd y Fflyd symud i Wapping.

Fe ddaeth technoleg, fe ddaeth Murdoch i chwyldroi byd yr hacs. Ond fe ddaliodd Dylan Iorwerth a Siân Parri Huws ar y cyfle i grwydro Stryd y Fflyd cyn i'r chwalfa fawr gyrraedd.

"Rwy yng nghysgod Eglwys gadeiriol Sant Paul, Dylan, a'r tu allan i adeilad y *Daily Telegraph* a'r *Sunday Telegraph*. Maen nhw i weld dipyn mwy moethus na rhai o'r adeiladau sydd yn Fleet Street."

"Mae nhw'n eich hatgoffa chi o rai o'r ffenestri siopau 'da chi'n weld yn Saville Row neu rywle felly. A dyna'r math o ddelwedd y byddai'r *Telegraph*, wrth gwrs, yn ei chyflwyno. Mae'n cael ei ystyried gan newyddiadurwyr fel y papur sy' yn rhoi mwyaf o newyddion. Os 'di chi isie pob stori, yn fân neu fawr, mae i'w gael yn y *Telegraph*. Dyna ydi'r enw sydd gydag e', beth bynnag. Mae o'n naturiol geidwadol ei safbwynt."

Yn ystod y flwyddyn hefyd ganwyd y papur lliw cyntaf, *Today* gan Eddie Shah. Fe gafwyd barn y newyddiadurwr John Roberts Williams ar y datblygiad chwyldroadol hwn.

"Dedfryd: nid lliw ydi pob peth."

Beth bynnag am fynd a dod y papurau, dal yn sefydlog wnaeth papur newydd yr awyr, *Y Post Prynhawn*. A doedd neb balchach, a hynny gyda rheswm da, na'r cyflwynydd, Gareth Glyn.

"Mi oedd e'n gyfnod y gwenoliaid gofod—mi oedd 'na sawl un yn cael ei danfon fyny—ag at ei gilydd mi oedd y rhediadau wedi bod yn llwyddiannus iawn. Ond un tro, mi ffrwydrodd y wennol ofod. A mi oedd hyn jyst cyn pump. Oeddan i'n digwydd gwybod fod yna Gymro Cymraeg yn gweithio yn NASA, yn bennaeth ar y cwmni a oedd yn gwneud y fraich robot oedd yn cael ei defnyddio ar y gwenoliaid. Dyma'i ffonio fo a chael ei ymateb o i'r ddamwain ar yr awyr tra roedd y belen dân yn dal yn yr awyr. Un o eiliadau balch iawn, iawn y cynhyrchydd, Glyn Thomas oedd hynny."

Do, fe gafwyd adroddiad o lygad y ffynnon gan Richard Lewis o NASA. A bu Mr America ei hun, IDE Thomas yn datgan teimlad y wlad gyfan wedi'r ddamwain.

"Diwrnod du oedd ddoe yn America, diwrnod o wylofain a galar. A hynny o Main Street i Wall Street ac o fwthyn y tlawd i'r Tŷ Gwyn. Ac o'r Tŷ Gwyn, gyda'r 'Stars and Stripes' ar hanner-mast fe anerchodd Ronald Reagan y genedl gan geisio ei chysuro yn ei galar. Roedd wedi arfaethu i annerch ar bwnc tra gwahanol—Stad yr Undeb—ond anghofiwyd hynny gan arswyd y drychineb.

Bu Siân Parri Huws yn cael profiad o'r newid mawr yn Stryd y Fflyd.

Dywedodd Reagan fod yr Unol Daleithiau yn wlad na fyn guddio'i methiannau na'i buddugoliaethau. Dyna elfen o'n rhyddid. Am bum-mlynedd-ar-hugain cawsom gyfres o lwyddiannau yn y gofod, rhai ohonynt yn anhygoel, ond ddoe, trychineb a saith o astronauts yn colli'u bywydau. Mae'r golled, meddai, yn golled genedlaethol."

> *Ai John Roberts Williams yw'r unig un o adolygwyr papurau newydd Radio Cymru sy'n darllen y papurau Cymraeg yn rheolaidd? Yn sicr, ef yw'r unig un y gallwch ddibynnu arno i gyfeirio atynt yn ddi-feth. Am y mwyafrif llethol o'r adolygwyr eraill nid oes papur Cymraeg yn bodoli o gwbwl.*
>
> Wythnos Gron, *Y Cymro* Mawrth 5ed.

NWY, A MWY YN Y NEN

Fe gofir 1986 fel y flwyddyn a roddodd ardal anghysbell yn yr Wcrain ar fap y byd. Prin bod neb yng Nghymru, cyn hynny, wedi clywed am Chernobyl. Ond fe fyddai penawdau'r newyddion yn cyfeirio ato am flynyddoedd i ddod.

"Mae'n ddeg o'r gloch a dyma newyddion Radio Cymru. Yn eu cyfarfod yn Tokio mae arweinwyr y gwledydd Gorllewinol wedi cytuno i weithio i atal terfysgaeth. Maen nhw hefyd yn llunio datganiad mewn ymateb i'r ddamwain yn yr Undeb Sofietaidd. Disgwylir iddyn nhw alw am fesurau diogelwch llymach mewn adweithyddion niwclear a gwell trefniant i hysbysu damweiniau. A dywedir fod gweddillion y cwmwl niwclear yn dal i symud o wledydd Prydain. Dywedir fod lefel yr ymbelydredd uwchben Lloegr a De Cymru wedi disgyn ond ei fod ddeg gwaith yn uwch mewn rhai mannau, gan gynnwys Gogledd Cymru Mae hyn, meddir, am fod mwy o law wedi disgyn yn y Gogledd. Ond does dim angen pryderu ac mae'r sefyllfa'n cael ei hadolygu yn gyson gan y Bwrdd Diogelwch Radiolegol."

Roedd problem niwclear yn poeni pobol Caerfyrddin hefyd. Nid adweithydd ond byncyr. Ar y *Stondin* bu'r Parchedig Denzil Prothero yn amlinellu ei wrthwynebiad ef.

"Ga'i ddweud hyn, mai dyma'r datblygiad mwyaf sinistr ydw i wedi'i weld erioed o fewn y darn yma o Ddyfed, neu o'r hen Sir Gaerfyrddin. A ga'i fynd ymlaen i ddweud mai dyma'r olygfa fwyaf bisâr, rwy'n meddwl, yng Nghymru yn ystod yr wythnosau diwethaf yma yw honno ar faes parcio'r Cyngor ar fin Heol Spillman. Mae 'na ffens fawr uchel o rhyw ddeg troedfedd yno a weiren bigog ar 'i phen hi. A mae 'na lifoleuadau llachar. Mae 'na gârds a chwn yn wbain ac yn ysgyrnygu eu dannedd. Golygfa debyg i Belsen mewn tre fach wledig yng Nghymru. A phresenoldeb y fyddin breifet fygythiol yma. Wel, mae'r cyfan yn debyg, Sulwyn, i olygfa allan o'r *Avengers* ar y teledu. Chi a fi sy' biau hwn. Chi a fi sy'n talu amdano fe. Dw'i ddim yn gwybod am un corff cyhoeddus arall sy' wedi mynd mor bell â hyn oherwydd protestwyr."

Am be fyddwch chi'n meddwl pan fyddwch chi'n clywad y gair Urdd? Steddfod? Llangrannog? Glanllyn? Ta' pres? Ers amsar bellach, mae fel tasa'r Urdd ynghlwm trw'r amsar efo gofyn am bres. Prynu o hyd yn lle gwerthu. Dydan ni'n rhai sâl iawn fel cenedl, 'chi, am werthu'n hunain. Nid yn unig i bobol eraill ond i ni'n hunain. Os ydach chi isia i bobol brynu rhwbath, ylwch, ma'n rhaid i chi ddysgu'i werthu fo iddyn nhw. Dangos fod o'n werth 'i brynu. Os ydan ni chi'n deud o hyd bod yna draffarth ar ôl traffarth, fe aiff pobol i gredu yn diwadd, 'chi, nad yw'r hyn sy' gynnoch chi ddim gwerth i' gadw. A fysa waeth iddo farw ddim. A peidio â dibynnu ar ewyllys da o hyd.

Un peth ydi perswadio'r galon i lenwi'r walat. Ond ar ôl llenwi'r walat, mae isio cofio pa boced yda chi wedi'i rhoid ynddi. A phan fyddwch chi'n ei thynnu hi allan, nad ydi'r gwynt yn cipio lot o'r papura. Fedrwn ni ddim fforddio colli'r Urdd. Ond fedar yr Urdd chwaith dim fforddio'n colli ninna.

Tybad ydw i'n taro'r post i'r gôl-cipar glywad? 'Da ni wedi cael nap go hir ond wedi deffro erbyn hyn, a deffro hefo gwên, a honno'n llawn o hunan-hyder. A chofio'n anad dim, 'te, bod ni'n wydyn fel hen esgid. O, ydan, 'dan i'n tyff, myiti tyff yn tŷ ni.

Darllediad o araith John Ogwen, gŵr gwadd
Eisteddfod yr Urdd Dyffryn Ogwen.

Yn Abergwaun y cynhaliwyd y Brifwyl. Ac fe'i cofir gan lawer fel Eisteddfod y Llaid. Fe grynhodd John Gwilym Jones y profiad mewn limrig.

Mor braf ydoedd gwrando'r y radio
A chael Steddfod, heb law, ar y fideo,
I'r gwael yn ei gornel
Diolchwn i Hywel
A phawb fu'n y pwdel yn gweithio.

Geiriau plaen gan John Ogwen o Brifwyl yr Urdd.

RHWNG CINIO A THE

Dyma'r flwyddyn pan lanwyd y bwlch prynhawnol ar ôl dau, a hynny ym mis Hydref gyda rhaglenni ysgolion i ddechrau ac yna, *Joio 'da Jen* gyda Jenny Ogwen, *Y Bachan Glan* gyda Glan Davies, *Nôl yn y Canol* gyda Graf, *Difiau Difyr* gydag Eleri Llwyd a *Diolch Byth ei bod hi'n Ddydd Gwener* gyda Richard Rees.

Ac yn '86 y dechreuodd cynghorion *Mae gen i Hawl*. A bu Dylan Iorwerth yn rhestru deg ucha'r Cymro Call:

Rhif 10: Mae ganddoch chi hawl i wybod y llog blynyddol. Gofynnwch am y cyfanswm hefyd y bydd yn rhaid i chi dalu ar y diwedd.

Rhif 9: Gwerthwr yn dod i'ch tŷ yn gwerthu ar HP, mae ganddoch chi amser i newid eich meddwl.

Rhif 8: Un newydd yn y siartiau—ers mis Ionawr mae 'na Ombwdsman i ystyried cwynion ynglŷn â banciau a chardiau credyd. Gofynnwch am ei gyfeiriad yn y banc.

Rhif 7: Y Brodyr Nwy a Thrydan. Dan rai amgylchiadau mae ganddoch chi hawl i drefniant talu bil.

Rhif 6: Mewn rhai achosion eto mae ganddoch chi hawl i herio credyd rhy uchel mewn llys.

Rŵan, y pump uchaf, y rhai peryglus.

Rhif 5: Peidiwch gwerthu nwyddau sy'n dal ar yr HP.

Rhif 4: Peidiwch stopio talu am nwyddau diffygiol cyn cael cyngor.

Rhif 3: Maffia. Os ydi rhywun yn galw heb wahoddiad i gynnig benthyg, galwch chitha'r polis.

Rhif 2: Mae cael eich harasio ynglŷn â dyled yn drosedd hefyd.

Rhif 1: Yr wythnos yma fel pob wythnos arall, mae ganddoch chi hawl i rwygo'r cerdyn plastig 'na a throi nôl at bres go iawn.

Yr oedd y dynwarediad o Sulwyn Thomas ar ddiwrnod o eira yn ysgubol. "Rhiw Nant-y-caws wedi cau. Bendigedig. Ha-ha. Grêt!

Mary Wiliam yn *Y Faner* yn cyfeirio at *Deffro Mae'n Ddydd.*

GORBACHEV

Ni chlywodd y brawd am y Brawd fu ar bren
Na gair am ddilyw a grym y ddeilen,
Fe chwiliodd y sêr heb weld y seren
Ond bydd i'r llywydd Nadolig Llawen:
Fe ŵyr hwn fod eryr hen—wedi'r daith
Yn cilio ymaith rhag grym colomen.

Gwyn Evans, Aberystwyth ar *Dalwrn y Beirdd*

Dylan Iorwerth a fu'n sicrhau ein bod ni'n gynefin a'n hawliau.

1987

TARO DEG

"Blwyddyn newydd dda i chi i gyd. Reit 'ta, 'di chi am addunedu? Neu 'da chi am aros yn eich gwelâu drwy'r dydd? Mewn dau air, colli pwysa, dyna ydw i am wneud."

Cyfarchion—ac adduned—Hywel Gwynfryn ar ddechrau blwyddyn. Ond cyn mynd ati i golli pwysau fe wnaeth yn siŵr iddo gael rhan helaeth o gacen pen-blwydd Radio Cymru yn ddeg oed.

I nodi'r pen-blwydd fe aeth *Helo Bobol* ar daith, gan gychwyn yng Nghaernarfon, yn ffatri Ferodo. Oedd, roedd *Helo Bobol* hefyd yn ddeg oed.

"Nifer o betha wedi newid, pobol wedi mynd, pobol wedi dŵad. Ond ga'i ddweud un peth, mae un peth wedi aros, sef eich cefnogaeth chi i'r rhaglen heb newid."

O Gaernarfon roedd taith *Helo Bobol* i fynd ymlaen i Fachynlleth, Ysbyty Glan Clwyd, Caerfyrddin, Llanelli a Chrymych gan gerdded o gwmpas i ddweud helo wrth y bobol.

Roedd hi hefyd yn ddegfed pen-blwydd y rhaglen *Canllaw*, rhaglen gyngor a chymorth Radio Cymru. Yn llywio'r gyfres roedd Elwyn Jones a'r cyn-Heddwas dall, Arthur Rowlands. Ac Arthur, gyda'i hiwmor naturiol a'i bersonoliaeth gynnes fu'n cofio'r rhaglen gyntaf un.

"Wel, y cynta un, goelia i, mynd i mewn i'r stiwdio a chael fy rhoi i eistedd wrth y meic rywsut a'r sain recordydd yn dod i mewn ac yn symud y meicroffon ryw ychydig bach. Cyn mynd i mewn yn ôl i'w le, felly. A'r llais yn dod drosodd ac yn deud, 'Wel, Arthur, fe gei di ddechre recordio ar y golau gwyrdd'.

"Yr ateb oedd fy mod i'n flin ond 'mod i'n colour-blind."

Roedd Elwyn Jones yn eistedd wrth ochr y recordydd ar y pryd ac roedd yntau'n cofio'r achlysur yn dda.

"Y peth mawr oedd ei fod o'n teimlo fel petai o am i'r llawr ei lyncu o. Ond y peth mawr, ac fe ddigwyddodd hynny reit o'r cychwyn, o'r tro cynta un, oedd dy fod ti, Arthur, wedi gwneud i bawb y tu ôl i'r gwydr yn y fan honno deimlo'n gwbwl gyffyrddus, ynte."

"Wel, o'wn i'n treio felly, ynte."

> *Dim ond trwy gwtogi'n sylweddol ar raglenni radio yn ystod y dydd y gellid adfer rhaglenni'r hwyr a gyda'r nos ar Radio Cymru—ac nid yw nifer y gwrandawyr gyda'r nos yn cyfiawnhau gwneud hynny.*
>
> *Dyna neges Meirion Edwards, Golygydd Radio Cymru mewn cynhadledd i'r wasg yn lansio yr hyn a alwodd yn "ydlan lawn" o raglenni'r hydref a'r gaeaf yr wythnos ddiwethaf.*
>
> Erthygl yn *Y Cymro* 30ain Medi

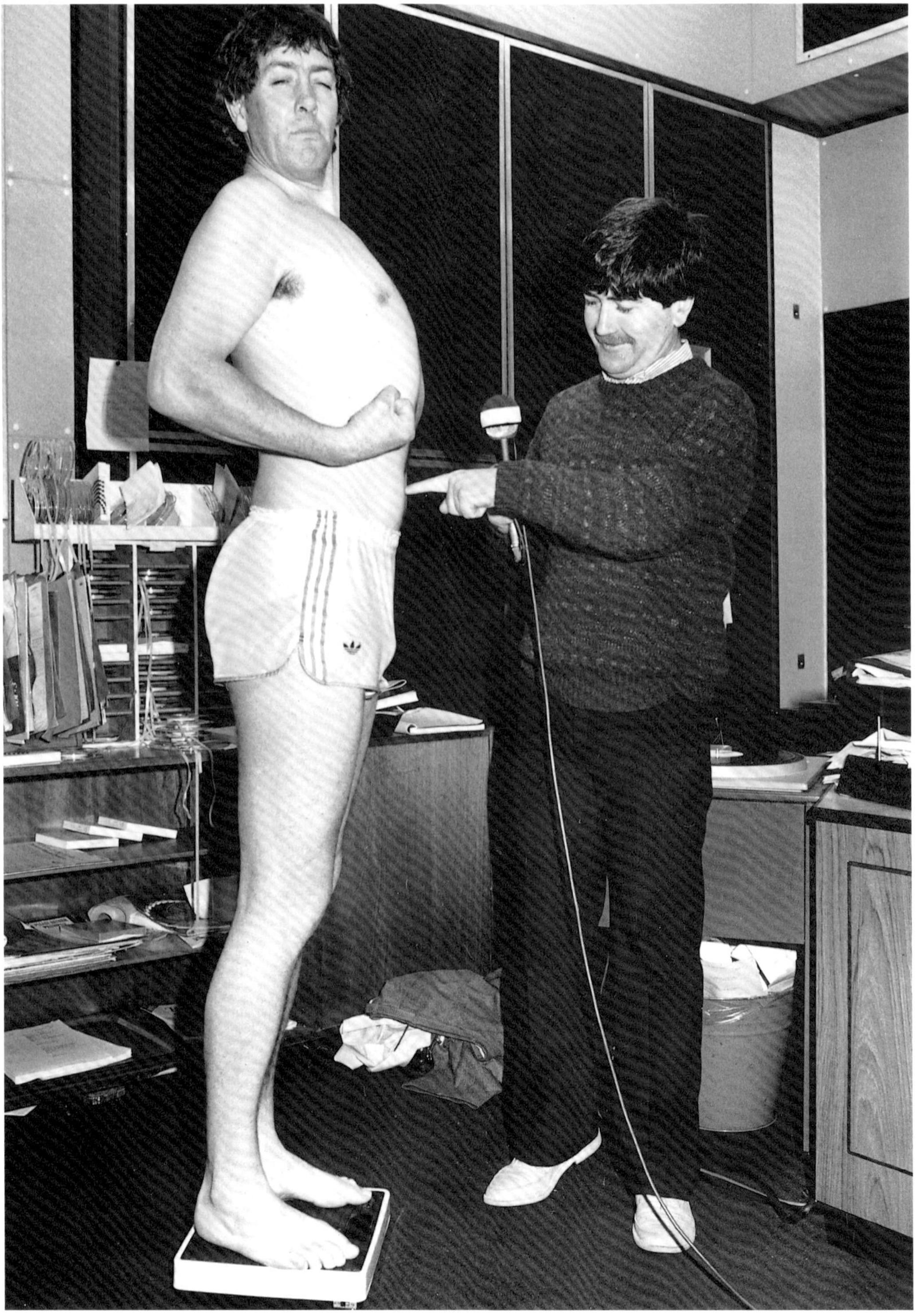

Degfed penblwydd Radio Cymru a Hywel yn ceisio colli pwysau dan lygad barcutaidd Huw Llywelyn Davies.

Elwyn Jones, cynhyrchydd *Canllaw*.

DYFODIAD Y PLA

Fe gofir 1987 fel y flwyddyn a ddaeth ag AIDS i sylw'r cyhoedd. Ac fe chwaraeodd Radio Cymru ran amlwg yn yr ymgyrch i ddod â'r aflwydd hwnnw yn bwnc trafod.

Fe gafwyd cyfraniadau hynod ddiddorol, a llawer ohonynt hefyd yn ddeallus, ar bla a oedd i godi arswyd ar bobol ledled y byd.

"Mae pawb yn poeni am y 'disease', achos mae'n uffarn o beth. Mae'n waeth na dim byd sy' wedi dod i Gymru. . . "

"Mewn llefydd mawr fel Caerdydd a dinasoedd mawr eraill 'di chi'n cael y petha yma. Mae lot o bobol Cymru yn dal mewn ardaloedd gwledig a mae confensiynau capel, mae 'na syniadau am gariad sy'n dal yn bod oherwydd eu magwraeth nhw. . . "

"Falle bydd pobol yn tueddu i fynd am berthynas hirach ac yn meddwl ddwywaith rŵan cyn cysgu gyda rhywun dy'n nhw ddim yn nabod. . . "

"Efo pobol sy'n mynd i byllau nofio a tase gyda nhw AIDS, yn bendant, dydw'i ddim yn teimlo ei bod hi'n iawn iddyn nhw gael mynd yno achos tase nhw'n torri'u troed ar wydr neu rwbath felly a tase nhw'n mynd i'r pwll, fysa pawb o fewn y pwll yn ei gael o wedyn. Dyna fo, mae o'n mynd allan o gyrraedd pob doctor wedyn, yn tydi. . . ?"

"Tydi pobol ddim yn sylweddoli peth mor ddrwg ydi o, ddeud gwir. Ma' pawb yn deud 'O, ia, mae o'n ddigon pell yn Llundan a gyda gwrywgydwyr'. Mae hynny'n hollol wirion. Fysa'n gallu taro rhywun, 'te. . . "

"Wel, bron na fyswn i'n cydweld â Chwnstabl Manceinion, be ddeudodd o. Achos hyd y gwela i, mae o'n codi o fywyd digon budur, yn tydi. . . ?"

Fe fu un dioddefwr yn ddigon dewr i 'ddod allan' ac i son am ei brofiadau.

"Dwi'n meddwl iddo fo fod arna'i ers saith, wyth mlynadd. Es i am wylia i'r America. Fan yna ddaeth o i fyny oherwydd o'r amser yna ymlaen rwy wedi bod yn byw mewn partneriaeth un-i-un efo person arall. Wedyn mae'n rhaid mai o'r tu allan y daeth o, ddim o'r tu fewn.

"Dwi'n blino'n go lew ar hyn o bryd. Yn ffodus, fel y gwelwch chi, rwy'n eitha iach. Fyswn i'n deud, taswn i'n cael ras oddi yma at y bont, fi fyse'n ennill. Rwy'n gorfforol yn eitha cry'. Ond dwi yn blino. Mae gen i dipyn bach o betha yn mynd o le ar 'y nghroen i. Ac mae hynna yn gyffredinol hefyd. Mae 'na un neu ddau o betha bach. Ond ddim byd mawr ar hyn o bryd."

Oedd, roedd AIDS yn siarad Cymraeg.

BLWYDDYN DRYCHINEBUS

Blwyddyn trychineb yr Herald of Free Enterprise. Blwyddyn y Digartref. Do, fe gafodd y pynciau ingol hynny sylw gan Radio Cymru. Ac fe fu hi'n flwyddyn i'w anghofio i ŵr a alwai ei hun wrth fwy nag un enw.

"Keith Best MP o Lundan. Keith Lander Best, hefyd o Lundan. Keith Lander Best arall o Brighton. Dau Keith Best, y naill o swydd Sussex a'r llall o Gaergybi. Ynghyd â Lander Best, hefyd o Gaergybi. Chwe enw i gyd gydag wyth gant o gyfranddaliadau yr un yn *British Telecom* pan breifateiddiwyd y cwmni gan y Llywodraeth ym mis Tachwedd 1984."

Fe gostiodd ei dwyll bedwar mis o garchar iddo. O leiaf, dros y cyfnod hwnnw fe fyddai ganddo gartref. Ond ni chwerwodd, yn ôl ei ddatgeliad ei hun ar Radio Cymru.

"Dydw'i ddim yn teimlo'n chwerw achos yn y byd cyhoeddus mae 'standards' yn uchel a fy hun roeddwn i'n mynd i lawr dan y 'standards'. Ond wrth gwrs, mae'n rhaid i fi fyw gyda'r mater fy holl fywyd."

Ymhen ychydig ddyddiau fe'i rhyddhawyd wedi iddo apelio yn erbyn y ddedfryd.

> *Rhaid cyfaddef i mi gael gwledd o wrando dros wythnos yr Eisteddfod, ac rwy'n ddiolchgar i Radio Cymru am hynny.*
>
> John Wynn Meredith, *Y Faner* 21ain o Awst.

DYMA'R NEWYDDION . . .

- Mae dyfais ffrwydrol wedi'i darganfod mewn stad o dai yn Abergele'r bore 'ma. A mae arbenigwyr bomiau bellach ym Mhorthmadog yn archwilio pecyn tebyg y tu allan i swyddfa'r dreth yno.
- Mae NIREX, y Pwyllgor Gwastraff Niwclear Ymbelydrol wedi cadarnhau eu bod nhw'n ystyried claddu gwastraff niwclear ar Ynys Môn ac ar Ynys Enlli ger arfordir Llŷn.
- Mae'r arweinydd Sofietaidd, Mikhail Gorbachev, wedi gwneud newidiadau disymwth yn arweinyddiaeth y Kremlin ar ôl i lanc yn ei arddegau o Orllewin yr Almaen lanio awyren fechan ar Sgwâr Coch Moscow.
- Mae Aelodau Seneddol yn Cleveland wedi gofyn i'r Llywodraeth gynnal ymchwiliad ar unwaith i'r modd y mae'r awdurdodau yn delio ag achosion lle

mae nhw'n amau bod plant yn cael eu cam-drin yn rhywiol. Rhoddwyd dau gant o blant y sir yng ngofal yr Awdurdod Lleol yn y ddeufis diwethaf.

- Mae teulu a chyfeillion Terry Waite, cennad arbennig Archesgob Caergaint, sydd wedi bod ar goll ers mis Ionawr yn gweddïo drosto ar achlysur ei ben-blwydd yn 48 oed.
- Am wyth awr fe fu tref farchnad Hungerford, tref nid annhebyg i'r Bontfaen, dan warchae wedi munudau gwallgo a hunllefus amser cinio gwaedlyd. Am awr gyfan, rhedodd Michael Ryan yn wyllt mewn yn ei wisg *camouflage* yn cario gynnau a bomiau llaw. Saethwyd deuddeg o bobol yn farw.

O, gwrandwch ar fy stori,
O, gwrandwch ar fy nghân,
Stori yw hon am ddynas ganol oed
Sy' wedi colli'i phen yn lân;
Bob nos rhwng pump a chwech
Boed aeaf neu boed haf,
Eistedda wrth y radio
A'i hwyneb yn gwenu'n braf.

Mae Mam mewn cariad efo Gareth Glyn,
O bump tan chwech mae'n gwrando'n syn,
Mae Mam mewn cariad efo Gareth Glyn . . .
Post Prynhawn.

Un o ganeuon Y Ficar, grŵp a chwalodd ym 1987

Y BOI RODDODD Y BAM YN BAMBŴ

Yn ystod y flwyddyn fe ddaeth *Cadw Reiat* i ben ac fe gychwynnodd *Bambŵ*. Roedd Kevin Davies, y cyflwynydd, yn cofio'r rhaglen gyntaf yn dda.

"Yr un cof mwyaf sy' gen i yw pa mor nerfus own i cyn dechre'r rhaglen. Y tro cynta i fi wneud unrhyw beth byw—y tro cynta i fi wneud unrhyw beth ar y radio, a dweud y gwir. Rown i wedi gwneud rhai rhaglenni teledu, ond doedd rheiny ddim yn fyw i gyd. Jyst eistedd lawr a darllen lincs. Ond hwn odd y peth byw cynta i fi wneud a rown i'n ymwybodol iawn o'r pwysau odd arna'i. Achos own i hefyd yn rhedeg y ddesg yn chware records a phob math o bethe. A rown i'n gwybod, un botwm anghywir a fydde pob peth yn mynd yn rhacs. Felly rown i'n teimlo'n ofnadwy o nerfus cyn dechre.

Kevin Davies, y boi roddodd y 'Bam' yn *Bambŵ*.

"Rwyn cofio iddi fynd yn ol-reit. Doedd dim un camgymeriad enfawr yn y rhaglen gynta. Fe wnes i gadw rheiny i gyd tan yr ail raglen. Ond ar y rhaglen gynta roedd Ian Gill yn gwneud ei ddarne fe o Fangor. Roedd Euron Gruffydd yn gwneud yr eitemau o Gaerdydd. Felly odd *Bambŵ* yn ymgais i glymu'r rhwydweithiau i gyd, i glymu'r canolfannau i gyd wrth ei gilydd. Roedd darnau'n dod o Fangor. Roedd darnau o Gaerdydd. Ac yn Abertawe own i. Felly, dyna oedd prif bwrpas y rhaglen. Dangos fod Radio Cymru yn un, a bod y rhaglen yn dod dros Gymru gyfan."

Ac ar Radio Cymru hefyd cafwyd barn y canwr bytholwyrdd hwnnw, Dafydd Iwan, am yr hyn a ddaeth i gael ei ddisgrifio fel "y sîn".

"Mae byd grwpie'r ifanc y dyddie hyn yn mynd yn dipyn o jyngl i un fel fi, wrth gwrs, sy'n tynnu ymlaen mewn oed. Ac mae'n rhaid dweud, mae 'na bwyslais ar bethe traddodiadol fel petai nhw'n cael eu taflu allan drwy'r ffenest. Mae'r pwyslais ar alaw yn mynd. Mae'r pwyslais ar eirie, i raddau, yn mynd. Yn sicir, does 'na ddim ymgais i sgrifennu geirie yn farddonol mewn unrhyw ffordd. Mae geirie yn cael eu taflu o gwmpas ac yn cael eu hailadrodd lawer ac mae'r holl beth braidd yn undonog. Ond 'dw i hefyd yn sylweddoli fod yn rhaid i gerddoriaeth newid. A mae'n rhaid i fiwsig yr ifanc fynd drwy gyfnod o newid. Ond y peth sy'n fy mlino i fwyaf ynglŷn â llawer iawn o gerddoriaeth y grwpiau heddiw ydi agwedd negyddol, nihilistaidd braidd at y byd. Mae eisie newid, mae eisie chwyldro, mae eisie dileu yr hen drefn. Ond dyw hi ddim yn glir iawn beth maen nhw eisie'i roi yn ei le fe."

NADOLIG LLAWEN?

Ar ddechrau'r flwyddyn fe ddywedodd John Roberts Williams ar *Dros fy Sbectol*, "Ar ddechra blwyddyn fel hyn, y cyfan gewch chi ydi mynegbost a charreg filltir. Ond dim ond dangos o ble daethon ni heb i'r bys awgrymu i ble rydan ni'n mynd a wna'r post. A'r garreg heb wneud mwy na nodi faint sydd eisoes wedi'i dreulio heb ymboeni am faint sy'n aros ar ôl. A da hynny, gan adael yr anwybod yn obaith."

Ond wrth iddo gloi'r flwyddyn, arwyddion anobaith a welai.

"Roeddwn i yng nghyngerdd y plant yn Ysgol Gymraeg Y Wern yng Nghaerdydd bnawn Llun. Dros gant o rieni a pherthnasau balch yn gwylio pob un o'r chwech-ugain o ddisgyblion yn gwneud eu campau gyda'u cerddorfa linynnol, dawnsfeydd, caneuon actol tymhorol, traddodiadol a gwreiddiol dros ben. Llond ceg o Gymraeg, a'r athrawon a'r plant mewn cytgord heddychlon, perffaith. Y marciau iddyn nhw? Deg allan o ddeg gan gofio fod yna ugeiniau o ysgolion trwy Gymru wedi cyflwyno gwyrth o ddiddanwch yr wythnos yma.

"Ond, a mae o'n ond mawr, mae'n rhaid i mi ddod yn ôl at ysgytwad fwya'r flwyddyn yn fy myd bach Cymraeg i ar ôl dweud wrtha chi fod wyth allan o'r naw o'r petha bach pump oed a ddaeth i fy hen ysgol fach yn Llangybi, yng nghalon Eifionydd, yn Saeson. A rhaid i mi ofyn, os mai dyma'r ffordd mae Eifionydd yn mynd, i ble rydan ni i gyd yn mynd? A dyna'r darlun o Gymru 1987. A mi rydw i'n gorfod deud hyn nid i gymylu'ch Nadolig chi, ond ysywaeth, am ei fod o'n wir."

1988

HOWZAT?

Os mai gwneud ffŵl o'i hun wnaeth Eddie the Eagle ym 1988, roedd hi'n flwyddyn fawr i Glwb Criced Morgannwg wrth iddyn nhw ddathlu eu pen-blwydd yn gant oed. Roedd 19eg mlynedd wedi mynd heibio ers iddyn nhw ennill y bencampwriaeth ond roedd yr atgof am y flwyddyn honno yn dal yn fyw yng nghof Alan Jones wrth iddo sgwrsio ag Edward Bevan. Ond yn bwysicach na dim, roedd y dyfodol hefyd yn edrych yn iach.

"Wel, mae rhai da yn dod trwyddo. Fel gwelon ni'r flwyddyn ddiwetha, Steven James miwn i dîm Morgannwg, chware naw neu ddeg gêm a gwneud yn dda. A dwi i'n meddwl ei fod e'n mynd i fod yn chwaraewr da. Hefyd yn Colts Morgannwg mae gyda ti bobol fel Robert Croft, bowliwr araf ac yn batio. Hefyd David Hemp, mae e'n fatiwr llaw chwith a mae e' lawr ym Millfield ar hyn o bryd. A rwy'n meddwl fod dyfodol da iddo fe. Ac Adrian Dale, boi o Chepstow yn agor y batio. Mae e'n fachan da."

Oedd, roedd Alan, yn ogystal â bod yn un o gyn-arwyr ei glwb yn profi ei fod e' hefyd yn gryn broffwyd.

Ac fe gafodd cricedwr arall, Ian Botham ei hun yn destun rhaglen yn y gyfres *Bechgyn Drwg*. Y gŵr fu'n rhoi'r rhaglen at ei gilydd oedd Geraint Ellis.

"Mae hyn, rŵan, yn enghraifft o'r pethe sy'n gallu mynd o'i le i ymchwilydd, druan. Y syniad oedd efo'r rhaglen yma fysa i'r cyflwynydd, Lyn Davies, gael llawer iawn o ffeithiau amdanyn nhw, pytiau sain o rai o'r pethe ddigwyddodd yn ystod eu gyrfaoedd nhw. A hefyd fysa 'na arbenigwyr, neu 'pundits' yn siarad am y gwrthrychau. Y nod oedd gyda phob un rhaglen bod yna ddau siaradwr—dau neu dri. Ond ar y rhaglen ar gyfer Ian Botham dim ond un siaradwr, Alan Jones o Forgannwg oedd wedi cael ei drefnu i siarad. A roedd Geraint, y cynhyrchydd, yn awyddus i gael Dafydd Evans, y dyfarnwr i gymryd rhan. Y diweddar Dafydd Evans bellach.

"Ymchwilydd arall oedd i fod i gael gafael ynddo fo ond roedd o wedi cael problem oherwydd fod Dafydd Evans yn un anodd cysylltu ag o. Roedd o wedi symud tŷ a roedd 'na ryw broblemau personol felly. A dwi'n cofio, felly, Geraint Davies, y cynhyrchydd yn deud, 'Sbia, mae hi'n fore dydd Gwener, mae'n rhaid i ni gael cyfweliad gyda Dafydd Evans erbyn dydd Llun. 'Da ni'n mynd i'r stiwdio dydd Llun ac yn darlledu yr wythnos nesa. Mae'n rhaid i ni gael y cyfweliad yma. Beth bynnag wyt ti'n ei wneud, mae'n rhaid i ti wneud o.'

"Rown i'n gorfod ei wneud o dros y penwythnos. A be wnes i oedd ffeindio allan fod Dafydd Evans yn dyfarnu gêm griced yn Northampton ar y dydd Sul. Felly, fore dydd Sul fe wnes i ffonio Clwb Criced Northampton er mwyn sicrhau

Alan Jones yn proffwydo dyddiau gwell i ddod i Forgannwg.

bod y gêm ymlaen. Roedd hi'n bwrw glaw yn Abertawe ond doedd dim glaw yn Northampton felly doedden nhw ddim yn rhagweld unrhyw broblemau. Fe wnes i adael neges i Dafydd Evans hefyd ac fe es i yn y car wedyn i Northampton. Fe gyrhaeddais i Northampton. Doedd hi ddim yn bwrw glaw ond doedd dim golwg o neb ar y cae o gwbwl. Own i wedi mynd i'r lle anghywir i ddechrau a fo a chael pob math o broblemau ond pan es i yna doedd yna ddim byd yn digwydd. A'r hyn oedd wedi digwydd oedd fod y gêm wedi'i gohirio. Tra roeddwn i yn y car ar yr M4 yn mynd am Northampton roedd Dafydd Evans ar y ffordd nôl. Wedyn roedd yn rhaid i fi fynd i mewn i'r swyddfa fore dydd Llun a dweud, 'Mae'n ddrwg gen i, Geraint, ond wnes i ddim llwyddo i ffeindio Dafydd Evans.' A wedyn fe aeth y rhaglen allan ddim ond gydag Alan Jones."

Croeso i gyfres arall o ***C'mon Midffîld****. D'oes gen i ddim diddordeb mewn ffwtbol, ond rydwi'n ffan mawr o hynt a helynt cymeriadau lliwgar y gyfres hon. . . Dywed y frân wen fod cynlluniau ar droed i drosglwyddo'r gyfres i'r sgrîn fach. Os gwir, d'oes ond gobeithio y bydd yn drawsblaniad llwyddiannus.*

Gwenan Lewis, *Y Faner* 15ed Ionawr.

George o Fryncoch United (Llion Williams) ar fin cael ei drosglwyddo o Radio Cymru i S4C.

COCH EU TRWYNAU

Roedd 1988 yn flwyddyn *Comic Aid*. Roedd ganddon ni yng Nghymru eisoes Drwyne Coch. Ac ar Radio Cymru fe gafwyd esboniad dros yr enw gan un o'r aelodau, Rhys Harris

"Bathwyd yr enw gan Hywel Pennar, oedd yn un o aelodau gwreiddiol y grŵp, flynyddoedd cyn i fi ymuno â nhw. Fe gafodd Hywel, pan odd e' tua pum mlwydd oed, rigymau oddi wrth wncwl iddo fe odd yn byw yn Aberpennar. Odd y rhigymau yn Saesneg a fe gyfieithodd Hywel nhw i'r Gymraeg. Roedd un o'r rhigymau'n mynd fel hyn:

Some like red roses but I beg leave to say
That I prefer red noses—they are so bright and gay.
The world is full of things that pass, we want the things that stay,
Red noses last a lifetime, red roses last a day.
Red roses blow three times a year, June, July and May,
But people with red noses can blow them every day.

A syndod i Rhys fu deall fod un o gewri'r crysau coch yn adnabod y Trwyne o'r un lliw.

"Ges i'n nala yn y gêm ryngwladol ddiwetha yn erbyn yr American Eagles, o'wn i mewn 'Indian restaurant' yng Nghaerdydd yn hwyr ar y nos Sadwrn a odd lot o fois Cymru 'na—Bleddyn Bowen yn un ohonyn nhw. A ma' Bleddyn yn dod o'r un ardal a fi. A wedyn dath e' lan ata'i fel odd e'n cerdded mas a dweud, 'O, Rhys Harris, Y Trwyne Coch, achan, shwt wyt ti?' Fe wnath hynna argraff ddofn ar y bobol odd gyda fi. Capten tîm Cymru'n dod lan ata'i a dweud 'i fod e'n gwybod am y Trwyne Coch."

Da oedd gweld Gwilym Owen, lambastiwr y darlledwyr cloff eu Cymraeg a chwipiwr tinau gramadegwyr y cyfryngau, wedi cymryd yn bersonol at y dasg o holi Cadeirydd Cyngor Sir Gwynedd ynglŷn â'r adroddiad cyfrinachol a genhinwyd (sic) i'r *Daily Post*.

Ond syndod oedd gweld cystal bugail a chymhenwr priod ddullia a Mr. Owen yn cyfeirio at y dywededig adroddiad fel 'hi' a 'hon' fel pe bai dan yr argraff, cwbl groes i Stephen J., Syr Ifor, yr Athro Beds a minnau mai enw benywaidd yw y gwrywaidd "Adroddiad".

Tybed, gyda llaw, a yw'n fwriad gan Eisteddfod Môn o hyn ymlaen troi'r Her Adroddiad yn Him Adroddiad?

Wythnos Gron, *Y Cymro* 18fed Ionawr.

RHYW ELFEN O FOLOX

Un o'r cyfresi mwyaf poblogaidd ar Radio Cymru fu *Yn ei Elfen*. Ac fe'i lansiwyd hi ym 1988 gan R. Alun Evans a Bedwyr Lewis Jones. Yn ogystal â mynd ar drywydd enwau lleoedd fe fu gofyn i'r ddau fynd i'r afael ag ambell gwestiwn digon annisgwyl.

"Llythyr o Fôn i gloi. Neu, o leia, llythyr sy'n honni dod o Fôn. Er nad oes yna neb yn Llan-yng-nghenedl yn gwybod am y tŷ, Prysor. A phur amheus ydi a oes y fath gyfeiriad a 97 Cae'r Efail ar gael yn y pentre bychan hwnnw hefyd. Ond mae cynnwys y llythyr yn iawn, beth bynnag am yr enw E T Jones sydd ar ei waelod o.

"Annwyl gyfeillion,

Tybed all yr Athro Bedwyr Lewis Jones esbonio'r gair Cymraeg hynod sydd i'w weld wedi'i ddyfynnu yn llyfr Syr John Morris Jones, Cerdd Dafod, yn englyn unodl crwca awdl enghreifftiol Dafydd Nanmor ar dudalen 381 yn fy argraffiad i . . ."

"Ac yn fy argraffiad i hefyd, pwy bynnag sydd wedi ysgrifennu. A dyma'r englyn, yn gyfan:

Bydd ŵr, gŵyr anwr i grog
Bid ŵr ni bo dau-eiriog;
Bid i'th law'n taraw 'mhlas tyrog—bolox
Mab Elen Lueddog.

"A does dim angen dweud, Bedwyr, de' di'r gair sydd eisiau esboniad arno fo."

"Iawn, Alun, mi dreiwn ni, pwy bynnag 'di'r E T Jones yma—ydi o'n frawd-yng-nghyfrath neu rwbath i Francis Thomas neu yn gefnder o bell i J M Davies. Mae rhywun yn dechra ama'r brawd yma. Ond pwy bynnag ydi o, dreiwn i.

"Awdl sydd yma, awdl gan Ddafydd Nanmor a luniwyd 450 o flynyddoedd yn ôl i ryw Uchelwr o'r enw Dafydd ap Tomos ap Dafydd—o Frycheiniog, mae'n debyg. Roedd y gŵr hwnnw ar y pryd yn ymladd yn Rhyfeloedd y Rhosynnau yng Nghymru. Felly, awdl i ryfelwr. A'r hyn sy'n ddiddorol amdani, a dyna pam mae John Morris Jones wedi'i chodi hi, mae hi'n awdl enghreifftiol. Mae hi'n awdl sy'n cynnwys enghraifft o bob un o'r pedwar mesur ar hugain. Fel rhyw fath o dasg oedd bardd yn gorfod lunio i basio arholiad jyst i ddangos ei fod o'n medru mynd drwy'r cwbwl lot, felly . . .

"Mae yna air Saesneg, *bollocks,* hwnnw sy' wedi rhoi'r gair balog yn Gymraeg. Balog—copis—yn benthyg ei hun i'r Gymraeg o'r *bollocks* Saesneg. Nid hwnnw sydd yma o gwbwl. Mae 'na fersiwn o lawysgrif arall o'r englyn yma a bolax

Bu'n rhaid i Bedwyr Lewis Jones ateb hen gwestiwn digon anodd.

sydd yn y fan honno. A mae o wedi'i dreiglo. Bid i'th law i daro—bolax. Hynny yw, 'pole-axe', sef polyn a bwyall ar 'i phen hi. Y math o arf rhyfel erchyll oedd gynnoch chi yn yr Oesoedd Canol, rhyw bolyn fath a gwaywffon a bwyall finiog ar 'i phen hi. A wedyn oeddach chi'n medru torri penna pobol i ffwrdd a ballu o gefn ceffyl hefo nhw. Felly, 'pole-axe' ydi y gair. A dwi'n meddwl tasa E T Jones wedi darllan yr englyn yn fwy ystyriol, fe fysa wedi gweld hynny."

Pen-blwydd hapus i'r **Post Prynhawn**. Dwi'n gwybod fy mod i wythnos ar ei hôl hi gyda'r cyfarchiad. Cawsom ein hatgoffa nad ar chwarae bach y crëwyd y fformat sydd bellach mor gyfarwydd i'r gwrandawyr sef Gareth Glyn (neu ai fel Gareth Glynne y dechreuodd gyda'r **Post**?) yn cyflwyno a chysylltu eitemau o newyddion gan dîm o ohebwyr, gyda'r crynodeb ar yr hanner awr yn giw i'r newid cynnil yng nghywair y rhaglen . . . Camp Gareth Glyn ers blynyddoedd fu medru llacio ei dei heb i'w gynulleidfa sylweddoli, gan lywio'r newyddion o'r pen dwfn i'r pen bas mor naturiol â dim.

Iola Baines yn *Golwg* yn nodi degfed pen-blwydd y *Post Prynhawn*.

GEIRIAU TANLLYD

Parhau wnaeth yr ymgyrch losgi tai haf. Ac er i'r ymgyrch gael sylw ar raglen *Crimewatch* ni fu'r heddlu gam yn agosach at ddal y llosgwyr. Ac wrth siarad ar y pwnc ar radio Cymru fe daflodd y bardd R S Thomas fwy o danwydd ar fflamau'r ddadl mewn sgwrs â Dylan Iorwerth..

"Dwi'n edmygu dewrder y bobol sydd yn llosgi tai haf a swyddfeydd ac yn y blaen oherwydd mae'n dangos nad ydyn ni ddim wedi marw fel cenedl. Oni bai am rheiny fysa digon o sail i feddwl fod gwrthwynebiad Cymru wedi darfod. Ein bod ni wedi derbyn yn llwfr y tranc sydd wedi dod i'n rhan."

"Onid ydi'r gyfraith uwch 'da chi'n son amdani—onid ydi honno'n deud na ddylai pobol ddim gwneud rhywbeth allai beryglu bywyd?"

"Fe fyddai'n drychineb, wrth gwrs, ac fe fyddwn i'n cydymdeimlo â'r teulu fyddai'n dioddef. Ond wedi'r cyfan, mae'n rhaid bod yn hollol glir eich meddwl. Be' ydi lladd un dyn o'i gymharu a lladd cenedl? Nid tai haf, wedi'r cyfan, ydi'r broblem erbyn hyn ond y mewnfudwyr. Ac mae'r mewnfudwyr, dan y farchnad rydd, yn gallu prynu llefydd lle mynnon nhw. Ac mae eisiau cael hyd i ryw ateb i'r cwestiwn hwnnw, sut fedrwn ni atal y mewnlifiad? Ac, os posib, gyrru rhai o'r rheiny sydd wedi dod yma i fyw adra i Loegr."

Fel ymateb fe fynnodd Dafydd Elis-Thomas na ddylai neb byth wrando ar y beirdd. Ac fe ddisgrifiodd RS Thomas fel rhywun, hwyrach, oedd yn anelu at fod yn Jean-Marie Le Pen Cymru.

Ac am y llosgwyr, beth amdanyn nhw? Ei ateb i gwestiwn Huw Edwards oedd, "Cachgwn sy'n ffoi i'r nos."

Beth bynnag am y sefyllfa, fe wrthododd y Llywodraeth gais Cymdeithas yr Iaith Gymraeg am Ddeddf Eiddo. Slogan y Gymdeithas oedd, "Dyw Cymru Ddim ar Werth". Ond fe sefydlwyd Bwrdd Iaith dan Gadeiryddiaeth John Elfed Jones.

Fe aeth pedair canrif heibio er yr adeg rydan ni'n ei chofio yma heddiw. Yn ystod y pedair canrif yma fe ellir deud i Feibl William Morgan achub yr iaith Gymraeg a bod yn foddion i weddnewid cenedl y Cymry a rhoi iddi lawer o'i harbenigrwydd o'i chymharu â gwledydd eraill. Ond ers canrif, bron, erbyn hyn mae dylanwad y Beibl wedi bod ar drai ac mae'r canlyniadau, yn gymdeithasol yn ogystal â bod yn bersonol, wedi bod yn alaethus. Fe ddywedodd Dr Saunders Lewis beth amser cyn ei farw mai marwolaeth araf crefydd Feiblaidd, neu grefydd y capel, o ddefnyddio'i union eiriau, oedd trasiedi fwyaf Cymru yn y ganrif yma.

Y Cyn-Archesgob G. O. Williams ar achlysur dathlu 440 mlwyddiant Beibl William Morgan.

Ma' bywyd i gyd yn hiwmor i fi. Un jôc gyfan yw e' i gyd tan 'ych chi yn y bocs yn y pridd. Jyst un jôc. Paid son am uchelgais neu fod yn dda neu grefydd neu alcohol neu gyffuriau. Mae e' jyst yn un jôc. Ma' rhai pobol yn rhoi nodwydd yn eu braich. Ma' pobol arall yn mynd i'r cwrdd ar ddydd Sul. Yr un peth yw e'.

David R. Edwards o'r grŵp Datblygu ar y rhaglen *Bambŵ*.

1989

CHWYLDRO FFRAINC

Blwyddyn y Chwyldro fu 1989 mewn mwy nag un ystyr. Roedd y Ffrancwyr, a rhai Cymry yn eu mysg, yn dathlu daucanmlwyddiant y Chwyldro Ffrengig. Ac ymhlith y Cymry hynny roedd Ceri Brugeilles a fu'n sgwrsio â Hywel Gwynfryn.

"Wel, mae'n rhaid dweud, fe fydd dathlu a dadlau achos fel 'ych chi'n gwybod, yn Ffrainc, mae dadlau gwleidyddol yn beth arferol dros ben. Mae shwt gymaint o bethe wedi bod yn digwydd, mae shwt gymaint o adeiladu yn cymryd lle ym Mharis eleni, er enghraifft, yn y Louvre mae pyramid enfawr mewn *plexiglass* wedi cael ei adeiladu. Mae rhai yn dweud ei fod e'n beth gwych a mae rhai yn dweud ei fod e'n beth ofnadwy. A fe fydd dathlu o gwmpas y Louvre gan mai symbolau o'r Chwyldro sydd fanny. Ac fe fydd yna rhyw fath o opera ac amgueddfa yn agor ble oedd y Bastille wedi cwympo ar y 14eg o Orffennaf ddau gan mlynedd yn ôl. Ac mae hynny hefyd wedi creu tipyn o ddadlau.

"Ond does neb yma yn cael sioc gan ddadlau gwleidyddol achos mae 'na hen arfer gyda ni o hynny. A'r hyn sy'n digwydd yw y bydd Maer Paris, Jaques Chirac, sydd ar y dde, yn dadlau gyda Llywodraeth Mitterand, sydd ar y chwith. Mae'n debyg ei bod hi'n anodd iawn cael cyngherddau ac actio dramatig, rhaglenni ac ati achos mae'n dibynnu fel 'ych chi'n edrych ar y Chwyldro, o safbwynt y dde neu o safbwynt y chwith. Rwy'n meddwl fod Mitterand hefyd am wneud rhyw symbol allan o'r peth, gwneud digwyddiad symbolic am ryw fath o gyfiawnder heddiw, nid yn unig yn Ffrainc ond yn Ewrop gyfan.

"Ac, wrth gwrs, tri prif syniad y Chwyldro Ffrengig oedd *Liberté, Fraternité, Égalité* hynny yw, rhyddid, cariad brawdol a chydraddoldeb i bobl y byd i gyd. Felly mae hwn i gyd yn syniad eitha Sosialaidd yn ôl y dde. Maen nhw'n gweld y peth yn mynd damaid bach gormod i'r chwith. Ond pan 'ych chi'n gofyn i bobol beth mae nhw'n feddwl, mae nhw'n dweud 'grêt'. Dathlu, tân gwyllt, cyngherddau ac ati. Ond i ddweud y gwir dwi'n meddwl, ar ôl blwyddyn o hwn i gyd, bydd pawb wedi hen laru ar y Chwyldro Ffrengig."

Shwd ych chi te? Radio Caryline ar y cwch yn y bae, Bae Ceredigion. Chi'n gwbod beth i fi wedi câl? Wthnos ofnadw. Githo'i ddamwen yn y car. Weda'i tho chi, o'n i'n gyrru nghar bach tu ôl i'r lori a benderfynodd e droi i'r dde a es i miwn i'w benol e. Yffach, o'n i'n grac. Sai wedi bod mor grac ers i fi golli episod o Neighbours. 'Y dyn hyrt,' wedes i, 'pan na fyse chi wedi rhoi'ch llaw mas os o'ch chi'n mynd i droi.' 'Gwrandwch, fenyw,' wedodd e', 'os nag och chi'n gallu gweld y lori, shwt o'ch chi'n mynd i allu gweld 'yn llaw i'. "

Caryl Parry Jones ar *Radio Caryline.*

Caryl a'i *Radio Caryline* ar donnau'r awyr.

CHWYLDRO A CHOLLED

Mae chwyldro yn golygu newid cyfeiriad. A dyna yn union beth ddigwyddodd i Jonathan Davies. Gadawodd y gêm amatur honedig yn Llanelli am borfeydd brasach a phroffesiynol Widnes.

"Bachan Cymraeg ydw i. A fe fyddai'n colli ffrindie a phobol lawr yng Nghymru. Gobeithio y gwnaiff Cymru yn dda ofnadwy y tymor hwn, a'r Llewod. Ond rwy wedi seino nawr a fydd yn rhaid i fi fynd lan fanna i brofi'n hunan."

Y dyfodol yn olau i Jonathan. Ond nid felly ar faes pêl-droed Hillsborough lle'r oedd Nottingham Forest a Lerpwl i wynebu ei gilydd yn rownd gynderfynol pencampwriaeth Cwpan Lloegr. Fel hyn y torrwyd y newyddion arswydus ar newyddion Radio Cymru fis Ebrill am y drychineb chwaraeon fwyaf erioed ym Mhrydain.

"Prynhawn da. Yn ôl y ffigurau swyddogol diweddaraf mae nawdeg-tri o bobol wedi marw a chant-saithdeg-tri wedi eu hanafu yn dilyn y drasiedi ym maes pêl-droed Hillsborough yn Sheffield ddoe."

Roedd rhywbeth tebyg wedi digwydd bum mlynedd yn gynharach yn stadiwm Heysel yng Ngwlad Belg. Roedd Roger Edwards o Ruthin, cefnogwr Lerpwl, wedi bod yn dyst i'r naill drychineb a'r llall.

"Rown i'n gallu gweld y bobol yn dringo ac rown i'n medru eu gweld nhw yn gorwedd ar y maes. Ac yn sicr, fel yr aeth y digwyddiadau ymlaen rown i'n gweld y bobol wedi brifo. Ac, yn anffodus hefyd, y cyrff yn cael eu cario heibio ble roeddwn i'n eistedd yn yr eisteddle tuag at fynedfa y maes."

Yno hefyd roedd y sylwebydd Dylan Jones.

"Wel, mi oedd hi'n sefyllfa ddifrifol, wrth gwrs. A mi welais i bethau digon erchyll. Pum munud i mewn i'r gêm gychwynnodd y sefyllfa yn y lle cynta. Y cwbwl welais i'n digwydd oedd gweld Forest yn ymosod tuag at y gôl lle'r oedd cefnogwyr Lerpwl. Ag yn sydyn dyma 'na heddwas yn mynd tuag at y dyfarnwr ac yn dweud wrtho am fynd â'r chwaraewyr oddi ar y cae. Ac wedi hynny dyma fwy a mwy o gefnogwyr yn dod dros y bariau ac ar y cae. Ag rown i'n meddwl, 'Wel, fe fydd hyn drosodd mewn rhyw bum munud, ddeg neu chwarter awr'.

"Roedd gormod o gefnogwyr, wrth reswm, wedi dod i lle'r oedd teras cefnogwyr Lerpwl. Ond fel y datblygodd petha, mi aeth petha o ddrwg i waeth. Mi oeddwn i'n gweld cefnogwyr yn gorwedd ar y llawr, rhai o'u ffrindiau yn treio'u hadfywio nhw, yn llwyddo i wneud hynny. A mi oeddech chi'n gweld y gorfoledd ar eu hwynebau nhw. Ond y munud wedyn, wrth gwrs, oeddach chi'n gweld cefnogwyr eraill yn cael eu cario oddi yno yn amlwg, efallai, rai ohonyn nhw wedi marw. Rhai eraill heb lawer o obaith i fyw. Ac mi oedd hi'n sefyllfa ddrwg iawn."

Fe adawodd Jonathan Davies Barc y Strade am borfeydd brasach.

Ond roedd stori dristaf yr wythnos yn greulon o wir. Oherwydd natur y cyfrwng hwn o gyflwyno gwybodaeth, ffeithiau yn unig gafwyd am drychineb Hillsborough. Ond er hynny, cred rhai fod y drafodaeth ar ***Stondin Sulwyn*** *yn ddi-chwaeth a dideimlad. Doedd o ddim, wrth gwrs, o'i gymharu â'r erchyllterau welwyd rhwng cloriau ein papurau newydd salaf, mwyaf di-chwaeth a dideimlad.*

Elin Mair, *Y Faner* ar 28ain o Ebrill

IFANC, IFANC A OFYN

Roedd chwyldro yn yr awyr ymhlith yr ifanc yng Nghymru. Ond rhyw amau ymarferoldeb eu dymuniadau wnaeth John Roberts Williams.

"Yn ddiweddar bu carfan hefyd o'r ieuenctid yn codi danynt am na ystyriant fod yna ddigon ar eu cyfer ar y radio a'r teledu Cymraeg. Ac mae'n rhaid gwrando ar eu lleisiau. A mae'n rhaid hefyd holi dau gwestiwn. Faint—a beth—sy'n ddigon? Ac, oes yna unrhyw sicrwydd eu bod nhw'n mynd i wylio a gwrando ar ychwaneg os ydyn nhw'n gwylio a gwrando cyn lleied ar hynny sydd yna? Peth peryglus iawn ydi rhannu cymdeithas yn bobol ifanc a phobol mewn oed, yn ddynion ac yn ferched.

"Ddown ni byth i ben felna achos fe allesid gosod achos cryfach fyth dros ddarparu mwy o raglenni ar gyfer yr hen. Mae 'na fwy ohonyn nhw. Mae nhw adra'n amlach. Mae mwy ag amser ar eu dwylo. A maen nhw'n gwylio ac yn talu'r drwydded."

Ond yr ifanc gafodd eu ffordd. Yn Eisteddfod yr Urdd Cwm Gwendraeth fe gyhoeddwyd y byddai gan Radio Cymru wasanaeth newydd i ieuenctid, a oedd i gychwyn yn yr Hydref.

Yn y cyfamser, ar Sgwâr Tiannamen yn Beijing roedd ieuenctid yn aberthu eu bywyd am hawliau llawer mwy sylfaenol. Ac fe lwyddodd Radio Cymru i gael hyd i ddwy Gymraes, Lucy Huws a Catherine Jones, a oedd yn gweithio yn Beijing ac a fu'n dystion i'r erchylltra. Bu'r ddwy yn ymateb i gwestiynau Aled Gwyn.

"Mi roedd hi'n erchyll ofnadwy oherwydd y ffaith fod y fyddin wedi symud i mewn ac yn lladd yn farbaraidd ar bawb yno. Ac nid yn unig ar y myfyrwyr, wrth gwrs, ond yn lladd ar blant ac ar unrhyw un oedd yn sefyll wrth ymyl y lle. Ac roedd pobol jyst yn gweiddi ar y fyddin, 'Pam 'da chi'n ein lladd ni'. . . ?"

"Gweld y cyrff yn cael eu cario yn ôl a blaen. Erbyn diwedd y noson doedd dim ambiwlansus i'w cael. Neu oedden nhw wedi cael eu saethu. Neu doedd dim digon o betrol i'w gael. Y cyfan yn dibynnu ar feiciau ac ar bobol i'w cario nhw. . . "

"Mi roedd yna lawer o blant bach iawn wedi cael eu saethu neu wedi cael eu trywanu gyda chyllyll a wedyn pobl yn treio mynd â nhw i'r ysbytai, wrth gwrs, efo pobol eraill. Ond doedd yna ddim llawer o le iddyn nhw. . . "

"Tua hanner-awr-wedi-unarddeg roedd pobol yn dod ar eu beiciau. Roedd plentyn a'i thaid wedi bod yn aros yn y ffordd. Roedd rheiny wedi cael eu saethu gan y milwyr. Roedd yna fenyw, roedd hi allan yn glanhau ei dannedd ac yn dweud mor ofnadwy oedd pethe. Ac fe saethwyd ati gan y milwyr. Ac roedd hen wraig, roedd hi ar y pedwerydd llawr, yn dweud fod y rhain yn waeth na ffasgwyr. Ac fe'i saethwyd hi hefyd. . . "

Doeddwn innau ddim yn sylweddoli chwaith fod Radio Cymru yn ddeg oed. Ond y peth roddodd fwyaf o sioc i mi oedd sylw eitha' ffwr-a-chi yr un wythnos fod S4C yn saith oed. Byddwch yn onest, rŵan, fel Cymry darllengar, ymwybodol—fedrech chi ddychmygu bywyd heb y naill na'r llall? Anodd, tydi? Ar y rât yma, mi fydd y ddau sefydliad yn goroesi Thatcher. . .

Meg Elis, *Golwg* ar yr 16ed o Dachwedd.

GWELL HWYRACH NA HWYR

Erbyn yr Hydref roedd newidiadau mawr wedi dod i ran Radio Cymru, nid y lleiaf fu symud Hywel Gwynfryn o'r bore i'r prynhawn. Ac fe wireddwyd yr addewidion a wnaed ym Mhrifwyl yr Urdd drwy ehangu'r gwasanaeth i ieuenctid gyda rhaglenni *Hwyrach*. I lenwi'r bwlch hwyrol daeth Huw 'Bobs' Pritchard a'i *Wplabobihoctw*, Ian Gill a'r rhaglen *Gill,* a Gary Slaymaker gyda'r *Diweddar Gary Slaymaker,* Nia Melville a *Heno Bydd yr Adar yn Canu* ac Owain Gwilym ar *Y Lein Hwyr*. Ac i Owain, doedd e' ddim yn waith hawdd.

"Mae nos Sul yn goblyn o noson anodd i wneud unrhyw beth. Own i'n ei ffeindio hi'n anodd iawn i wneud rhaglenni ar brynhawn dydd Sul oherwydd mae pawb yn tueddu i orweddian o gwmpas yn darllan papurau. Roedd nos Sul hyd yn oed yn waeth. Ond na, roedd e'n neis, a dweud y gwir. Dyma'r cyfnod pan wnes i ddatblygu fy steil i o ddarlledu. Roedd o'n eitha 'laid back', a wedyn oherwydd natur y slot ddaru mi ddatblygu'r steil yna o gyflwyno, mewn ffordd. Ond be oedd yn ddiddorol oedd, dyna pryd oedd hi'n gyffrous pan oeddwn i'n cael rhywun yn fyw efo'i gitâr. Fydda neb yn siŵr iawn a fydda nhw'n mynd i dorri tant neu be fydda'n digwydd nesa, felly. Dyna oedd y cyfnod mwya cyffrous."

Felly hefyd i'r cynhyrchydd, Geraint Ellis.

"Dwi'n credu mod i'n iawn i ddweud mai perfformiad olaf o'r Cyrff yn fyw oedd ar y rhaglen. A rhywbeth fyddwn i wastad yn ei deimlo fod radio, ar ei orau, yn enghraifft o wneud lluniau efo geiriau fel bod y gwrandawyr adra yn gweld ryw fath o ddelweddau ac rwy wastad wedi leicio'r ffordd oedd Ian Gill yn cyflwyno pobl yn Stiwdio 1. Roeddan ni mewn stiwdio arall. Yn stiwdio pots, wedyn, lle'r oedd Ian yn gwneud popeth yn dechnegol ei hun.

'Reit ta, Mark o'r Cyrff, rwyt ti draw yn Stiwdio 1.'

'Ydw.'

Roedd nos Sul yn noson anodd i Owain Gwilym.

'Ti'n nerfus?'

'Ydw, rhyw ychydig bach'.

"Roeddech chi'n cael y wefr yna o symud o un stiwdio i'r llall a bod y bobl adre wedyn yn dychmygu be oedd yn digwydd a bod y grŵp yn chwara'n hollol fyw. Ag rown i'n cael gwefr o gynhyrchu'r peth hefyd. A dwi'n meddwl na fedrwch chi guro darlledu byw."

> *Ac yn ola, neges byr o'r Gweinidog Iechyd, cyngor i'r henoed sut i gadw'n gynnes y gaea hyn:*
>
> *Cewch i uffern.*
>
> Gary Slaymaker ar *Y Diweddar Gari Slaymaker.*

DYMA'R NEWYDDION. . .

- Ddoe dechreuwyd ar y gwaith o chwalu wal Berlin.
- Mae'r penawdau o dramor yn ddramatig iawn y bore 'ma—o leiaf hanner-cant o bobol yn cael eu saethu'n farw yn Bucharest, prifddinas Rwmania.
- Dywedir fod dros hanner cant o bobol wedi'u lladd yn y protestiadau diweddaraf yn erbyn Llywodraeth Rwmania. Yn y brifddinas, Bucharest, cafodd o leiaf ugain o fyfyrwyr eu lladd. Fe barodd y protestiadau yn Bucharest tan yr oriau mân wrth i ddegau o filoedd herio tanciau a milwyr.
- Ac yn Rwmania eto, yn sgil y cyhoeddiad fod cyn-Arlywydd y wlad, Nicolai Ceaucescu a'i wraig Elena wedi eu dienyddio mae teledu'r wlad wedi dangos lluniau o'r ddau wedi iddyn nhw gael eu arestio. Yn ôl yr adroddiadau diweddaraf cafodd y ddau eu saethu wedi i lys eu cael yn euog o droseddau difrifol. Dywedir fod yna lawenhau cyffredinol yn y wlad.
- Mi ddown ni'n nes adre rŵan. Ar ddiwedd wythnos pan gafwyd tri ymosodiad arall gan fudiad sy'n galw'i hun yn Feibion Glyndŵr, parhau mae'r dyfalu ynglŷn â phwy sy'n gyfrifol a beth yn union ydi'r cymhelliad. Mae 'na ddeg mlynedd bellach er yr ymosodiadau cyntaf ar dai haf yn Sir Benfro a Phen Llŷn. Ond dros y blynyddoedd mae'r targedau wedi amrywio. A dywed yr heddlu fod y dyfeisiadau sy'n cael eu defnyddio yn mynd yn fwyfwy soffistigedig.

NADOLIG LLAWEN

Fel arfer fe ddaw yna rhyw dawelwch mawr dros y Nadolig heb fawr yn digwydd ond siopwyr yn cyfri arian a phenteuluoedd yn cyfri dyledion. Dim i roi'ch dannedd yno fo, ar wahân i amball fins pei. Nid felly eleni. Fu na ddim Nadolig mor hanesyddol gynhyrfus â hwn er dyddiau'r Rhyfel pan oedd gwaed ar holl ddyddiau'r calendr. Fe fu yna ysgwydiadau mawr yn Panama. Bu deffroadau mawr yn Rwmania. A dim angan proffwyd i ragweld y bydd yna ddyddiau mawr ac Ewrop newydd cyn diwedd y ganrif. Un peth y medrir ei ddeud: i un dyn y mae'r diolch am y cyfan. Gorbachev, un o fawrion y canrifoedd. Ac wrth ysbrydoli rhyddhau eraill, mae'n peryglu'i ddyfodol ei hun. Ai agor drysau ynteu agor bedd iddo'i hun mae Gorbachev? Cwestiynau sydd eto i'w hateb os oes yna flynyddoedd newydd da i ddod.

John Roberts Williams, *Dros Fy Sbectol.*

1990

BA ENAID ŴYR BEN Y DAITH?

I Gareth Price, Rheolwr BBC Cymru roedd 1990 yn garreg filltir o bwys. Hon oedd ei flwyddyn olaf yn y swydd. A mynnodd mai gweithred wleidyddol oedd darlledu drwy gyfrwng y Gymraeg. Yn wir, yr unig weithred wleidyddol yn y byd darlledu yn y Deyrnas Unedig.

Ac i John Roberts Williams fe fyddai'r degawd nesaf yn un gofiadwy a hanesyddol pe ond oherwydd y deffroadau yn Nwyrain Ewrop. Ond roedd ganddo gwestiwn.

"Pa mor llwyddiannus y medr y llywodraethau dibrofiad newydd lywio'u gwledydd? A'r cwestiwn mawr, sut y medr Rwsia, gyda'i holl genhedloedd hithau'n deffro, gynnal a chadw'r Undeb Sofietaidd? Cytunir y dibynna'r cyfan ar allu Gorbachev i gadw'i ben. *Y Correspondent*, y papur Sul newydd yn mynd cyn belled â rhagweld na fedr ddal ei dir tan ganol y nawdegau."

Ond yn eironig, ni pharodd y *Sunday Correspondent* ei hun yn hwy na diwedd y degawd.

Un a oedd i flodeuo yn ystod y degawd oedd Bryn Terfel. Fe'i gwahoddwyd i berfformio yn y Crush Bar yn Covent Garden. A Hywel Gwynfryn fu'n ei holi.

"Crush Bar neu beidio, rych chi yn yr Opera House yn Covent Garden. Ydi chi'n rhagweld y bydd yna bobol bwysig, efallai, dylanwadol hefyd yn y gynulleidfa yn gwrando arnoch chi?

"O, bydd. Dyna'r unig reswm mae nhw'n gwadd rhywun ifanc i wneud 'recital' yna. Mae nhw isio gweld os ydi chi yn medru perfformio. Ac wrth gwrs, maen nhw'n meddwl, o, mi fedrith hwn wneud rhywbeth i ni ymhen amser, felly. Mae o'n rhyw fath o dest i mi i ganu o flaen y gynulleidfa ac, wrth gwrs, o flaen y bobol sydd yn dewis y cantorion yn Covent Garden. Mae'n rhaid i mi wneud job dda iawn er mai mewn Crush Bar y mae o. Dwi'n edrych ymlaen. Dw'i ddim wedi meddwl amdano fo, a deud y gwir, dwi wedi bod yn brysur iawn gyda *Cosi Fan Tutte* ar hyd yr wythnos. Ond dyna fo, mae'r amsar wedi dod i mi dreio gwneud fy ngora."

Cafodd Bryn Terfel ei gyfle cyntaf yn Covent Garden.

HELO, MRS JONES

Mae'n debyg mai'r wrandawraig mwyaf anodd i'w phlesio yng Nghymru gyfan yw'r Mrs Jones Llanrug fondigrybwyll. Ei phlesio hi yw nod pob cynhyrchydd, pob perfformiwr. At ei chwaeth hi yr anelir pob rhaglen. A bu Dewi Llwyd yn son amdani.

"Ers i'r gwasanaeth gael ei sefydlu, mae Radio Cymru wedi bod yn cyfeirio'n gyson at foneddiges bwysig iawn o Arfon. Alla'i ddim dweud i mi ei chyfarfod hi erioed, hyd y gwn i, beth bynnag. Ond fe ges i fy annog fwy nag unwaith i gofio am Mrs Jones Llanrug. Rwy'n cymryd yn ganiataol fod ganddi ŵr a dau neu dri o blant, o bosib. Darlun o wraig sydd braidd yn geidwadol sydd gen i, mae'n rhaid cyfaddef. Rhywun sydd yn well ganddi sefyll yn ei hunfan na gweld gormod o bethau'n newid. Wel, ar ddechrau'r rhaglen heddiw, dyna i ni awgrym pendant fod disgynyddion Mrs Jones a'i thebyg yn gorfod mynd i orfod dygymod â chwyldro gwirioneddol o ran moesau ac arferion.

"Fydd y plant ddim mor gyfarwydd â'r sefydlogrwydd teuluol traddodiadol. Ac yn ôl pob tebyg, yn Llanrug, ac ymhob Llan arall, o ran hynny, fe fydd Mam a Dad, Mr a Ms Siôn, wedi bod yn cydfyw am gyfnod cyn priodi."

Ond doedd y syniad o'r dyn newydd ddim yn plesio un o gyfranwyr selocaf y *Stondin*. Fel hyn y gwelodd Sylvia Johnson o Dalybont bethe.

"Does 'na ddim byd gwaeth na gweld dyn a brat o'i flaen a dwster yn ei law. Mynd mas i hela yw gwaith dyn. Fe sy'n mynd mas i hela i ddod â'r bwyd gartre. A'r wraig gartre yn edrych ar ôl y tŷ, glanhau'r tŷ a choginio, edrych ar ôl y plant. Shwt ddynion y'n nhw, dwedwch, rhain sy'n mynd i'r dre a chario'r fasged, trotian tu ôl i'w gwragedd? Wel, dwi'n dweud hyn, 'wel, myn diawl, ma' gyda hwnna siafer o wraig'. Fydde gyda'r pŵr dab bach 'na lot gwell gydag e' fod lawr yn y clwb rygbi yn cael peint."

Rhyw flwyddyn sydd ers newid patrwm Radio Cymru. Oes yna gynnydd sylweddol yn ffigurau'r gwylwyr? Sgwn i? Wrth gwrs, mae yna gyfaddawdu wedi digwydd yn ystod y flwyddyn ddiwetha'. Y ddisg foreol wedi mynd yn ddisgie. Ond, wrth gyfaddawdu, mae'r rhaglen ***Heddiw*** *fel pe tae wedi mynd ar goll. Does dim rhaid wrth ddynwared slafaidd Simon Mayo (Radio 1) ond mae yna steil yn fanna i fenthyg peth ohoni. A'r gŵr i gyflawni'r swydd a chyflwyno'r cyfan? Neb llai nag Aled Sam. Aled Sam!! Wel! Beth amdani, chi bobol sy'n penderfynu yn union ar beth y dylen ni wrando?*

Siwan Jones, *Golwg* ar yr 16ed o Ragfyr.

Rhowch ddarlledu'r bore i ofal Aled Sam.

TWLL YN Y WAL

Dyma'r newyddion. . .
Fe fydd Nelson Mandela, yr arweinydd croenddu, a ryddhawyd o garchar yn Ne Affrica ddoe yn dychwelyd i'w gartref yn Soweto yng nghyrion Johannesburg yn ystod yr oriau nesaf. Disgwylir y bydd hyd at filiwn o bobol yno i'w groesawu.
Adroddiad Aled Gwyn

"Fe ddaeth Nelson Mandela allan o garchar Victor Vestere ger Cape Town brynhawn ddoe i ailgydio yn ei yrfa wleidyddol a dechrau ar gymal cyntaf ei daith adre. Ar ôl dros chwarter canrif mewn carchar, roedd ei gam yn arafach a'i wallt wedi britho. Roedd e'n amlwg mor benderfynol ag erioed i ddymchwel apartheid. . . "

Dywed Heddlu'r Gogledd fod Bryn Fôn, a arestiwyd gan dditectifs sy'n ymchwilio i ymgyrch losgi Meibion Glyndŵr brynhawn Mercher, yn dal yn y ddalfa yn Nolgellau. Mewn llys arbennig neithiwr rhoddwyd caniatâd i'r heddlu ei gadw yn y ddalfa am 36 awr arall. Mae tri arall a arestiwyd yn ystod y deuddydd diwetha wedi eu rhyddhau heb eu cyhuddo . . .

Oedd, roedd yna awyrgylch drydanol y tu allan i swyddfa'r heddlu yn Nolgellau nos Wener pan ryddhawyd Bryn Fôn o'r ddalfa. Roedd y pedwerydd person, felly, a arestiwyd gan dditectifs yn ymchwilio i ymgyrch losgi Meibion Glyndŵr yr wythnos ddiwethaf a'i draed yn rhydd. Mi ges i air efo fo a gofyn iddo fo am ei deimladau ar ôl iddo gael ei gadw yn y ddalfa am bron i drigain awr i gyd.

"Wel, rhyddhad, yn amlwg, o fod allan ac yn ôl efo nheulu. Dwi'n siŵr ei bod hi wedi bod yn anodd iddyn nhw, yn anoddach iddyn nhw, os rhywbeth, nag i mi. Achos mewn ffordd ryfadd mi oeddwn i ar adegau yn—ddeuda'i ddim mwynhau—ond yn hollol 'involved', os leiciwch chi, yn be oedd yn digwydd. Roedd o mor anhygoel, felly. Pan yda chi yn ddieuog, 'da chi'n mynd dipyn bach yn smyg.

"Rown i'n ateb rhai cwestiynau, mae'n debyg, yn ysgafn. A wedyn mynd yn ôl i'r gell ag yn meddwl, damia, fe ddylwn i fod wedi cymryd y peth fwy o ddifri achos mae'r peth yn ddifrifol. Mae rhywun wedi rhoi'r ddyfais yma, neu beth bynnag oedd yn y bag yma yn y twll yn y wal. Mae 'na rywun wedi gwneud. Wnes i, yn sicir, ddim rhoi unrhyw beth mewn twll yn y wal. Pwy sy' wedi ei roid o yna? Pam? Dw'i jyst ddim yn gwybod—mewn cyn lleied o amser, felly."

Allan Pickard/Aled Gwyn/Alwyn Gruffydd/Bryn Fôn.

COLLI PEDWAR

Tra roedd cymylau glaw yn tywallt eu cynnwys dros Dywyn ger Abergele, gan orfodi tair mil o'r trigolion i symud o'u tai, cymylau o dristwch oedd yn hofran uwchlaw Môn. Bu farw'r actor a'r doniolwr Charles Williams. Hywel Gwynfryn wnaeth dalu teyrnged iddo.

"Roedd gan Charles gar du ers talwm, Morris 1000, ac yn hwnnw fyddwn i'n cael fy nghario pan yn blentyn o Langefni i Fangor i actio efo Charles, i actio mewn dramâu radio yn y Penrhyn Hall. Fo tu ôl i'r olwyn yn y ffrynt, minnau y tu ôl i'm sgript yn y cefn. A Charles yn cynghori. 'Treai'i eto. Ti'n adrodd hi, ngwas i. Siarad y sgript ti fod i wneud, nid ei darllen hi. Mae eisiau bod yn naturiol, does? Eto, rŵan.'

"A felna nes cyrraedd Penrhyn Hall. A felna buodd hi hefyd dros y blynyddoedd. I mi, roedd Charles yn siwpystar. Toedd 'na neb tebyg iddo fo. Fydd 'na byth. Charles oedd y Tywysog. Ond pan feddyliwn i am Charles, cofio'r hiwmor wnawn i a'r chwerthin a'r cynhesrwydd. Ac fe fydd rhai ohonoch chi yn cofio'r noson honno o Fai saith mlynedd yn ôl yn Neuadd Garndolbenmaen. . . "

'O, ia, mae hon heb ei deud, ylwch. 'Dw'i isio presant i nghariad,' medda fo. Ngwas i. 'Be bryna'i iddi,' medda fo. 'Be leicith hi, dwch.' A dyma'r siopwr yn troi ato fo. 'Ydi hi'n dy leicio di?' 'O, ydi,' medda fo, 'yn bendant.' 'A, wel, os ydi hi'n dy leicio di, mi leicith rwbath.'

'Mi ddudwyd hon, a mi welai'r dyn yma heno. Mae hi wedi nhiclo fi. A mi fyddai'n leicio stori am rheini sy' wedi cael rhyw un dros yr wyth 'ma, felly ynte. Roedd y dyn yma'n sefyll, mae'n debyg, yng Nghlynnog Fawr y tu allan i Sant Beuno, y gweinidog. . . O, dwi'n meddwl fod hon yn dda. Wir, rŵan. O, plis, ga'i chwerthin. . . A dyma un ohonyn ***nhw*** *yn dod allan, chwel. Tydi'n beth rhyfadd, yn tydi. Gwneud 'bee-line' am y gweinidog, o bawb. A'r gweinidog yn deud, 'Wel, Ifan Robaitsh,' medda fo, 'ei di ddim i'r Nefoedd fel hyn.' 'Newydd ddod o' no, achan,' medda fo.*

Llais cyfarwydd arall a gollwyd yn ystod y flwyddyn oedd eiddo IB Griffith. A bu R Alun Evans yn ei gofio.

"Roedd John Roberts Williams wedi cychwyn fel cynhyrchydd *Rhwng Gŵyl a Gwaith* hefo Ifor Bowen Griffith yn 1970, dwi'n meddwl. Ar nos Sul. Doedd hi ddim yn rhaglen oedd yn cael ei hailddarlledu. Iawn. Rwy'n credu ei bod hi'n rhaglen oedd yn perthyn i'r adeg yna ar nos Sul. Fyse hi'n dda i ddim ar nos Lun, neu nos Fawrth, nos Fercher. Rhaglen i'w hamser ei hun oedd hi. Ac roedd Ifor Bowen Griffith yn gyflwynydd arbennig. Un sylw wnaed, rwy'n cofio—ydi o'n sgwennu ei gyflwyniadau? Achos oedd o'n siarad mor naturiol. Mi oedd o'n eu sgwennu nhw, ynte. Mi oedd o'n eu sgwennu nhw.

Yr anghymarol Charles Williams, a gollwyd yn ystod y flwyddyn.

IB Griffith y darlledwr naturiolaf.

Collwyd Gari Williams, yr anwylaf o ddynion.

"Ond oedd o'n gallu dweud y peth mor naturiol ac roedd pobol yn teimlo mai rhyw ymgom, mai rhyw siarad efo nhw oedd o. A mi oedd y ddwy funud, neu'r ddau funud gynta yn y rhaglen yn rhyw gyfle i IB gyfarch, ynte. A wedyn fe fydde fe'n dechre symud ymlaen, dechre symud ymlaen. Mi roedd y sgwrsio yn dechre wedyn. Dyma oedd sgyrsie radio. A dim ond radio sy'n addas i'r math yna o sgrifennu ac o ddweud."

Ac un arall a fu farw yn ystod y flwyddyn oedd John Evans Llewitha—yn 112 mlwydd oed. Ar Radio Cymru fe'i coffawyd mewn englyn gan John Gwilym Jones:

Yn hwyr y daeth i'w arwyl—y diddan
Gant-a-deuddeg annwyl;
Yr ifanc wên a'r hen hwyl
A ddysgodd i angau ddisgwyl.

Ond yn gynnar y daeth yr angau at yr annwyl Gari Williams. Bu John Ogwen yn talu teyrnged iddo.

"Falla mai ar ei orau y gwelis i o ychydig fisoedd yn ôl. Rown i wedi trefnu cyngerdd yn Theatr Gwynedd i godi arian at Gymdeithas yr Iaith a mi oedd Gari y cynta ar y list. Mi rannodd efo fi gost y theatr a phob peth a mi ddaeth ymlaen. Ond rown i'n fwriadol wedi'i roi o ar ôl Mei. Roedd Mei wedi rhoi perfformiad ysgubol fel Wali, codi'r to. Dim ond un oedd a'r gallu a'r profiad i ddilyn hynny. A Gari oedd o. A mi roddodd un o'r perfformiadau gorau dwi'n ei gofio ganddo fo—a mae hynny'n dweud lot—am yr ugain munud nesa a chodi'r to. Fe ddaeth i'r cefn ata'i wedyn a jyst slap fach dyner, dyn tyner oedd o, ar fy wyneb. 'OK, was-i?' 'OK', meddwn i."

'Peth arall fyddwn i'n gael yn rysgol yn 'form five' oedd partis, ynte. Yno fydda chi'n ffeindio'ch cariad cynta, ynte. Partis gwisg ffansi. Pawb yn mynd wedi gwisgo'i fyny. Dw'i ddim yn cofio be own i. Ond roedd yr athro Cymraeg wedi gwisgo fel Abraham Lincoln. Chafodd o ddim gwobr. Ond mi gafodd ei saethu ar ffordd adra.'

Nid cyn pryd, mae gohebwyr y BBC i gael gwersi ar sut i holi pobol. Dim ond gobeithio fod gohebwyr y BBC yng Nghymru wedi eu cynnwys ymhlith y rhai sy'n mynd yn ôl i'r ysgol holi.

Mae angen rhyw Gwilym Owen i'w darbwyllo nad wrth arthio mae dod at y gwirionedd.

Wythnos Gron, *Y Cymro* 4ydd Gorffennaf.

Roedd hi'n Eisteddfod yng Nghwm Rhymni gyda phrifeirdd ifainc, Iwan Llwyd a Myrddin ap Dafydd yn derbyn eu gwobrau. Ond yn yr un wythnos fe oresgynnwyd Kuwait gan luoedd Saddam Hussein. Ac yn Saudi Arabia roedd gŵr ifanc arall, y newyddiadurwr Guto Harri, yn danfon adroddiadau rheolaidd yn ôl i Radio Cymru. Mewn un adroddiad bu'n trafod gyda Siân Parri Huws y posibilrwydd o Saddam yn tynnu'n ôl.

"Dyna, rwy'n credu, maen nhw'n geisio'i wneud yw ei demtio fe i dynnu nôl a sicrhau na fydd y byd Arabaidd yn ei ystyried e' fel ffŵl o wneud hynny.

"Ydi hynny'n debygol, Guto?"

"Wel, mae'n anodd iawn dweud hynny, mewn gwirionedd. Mae yna adroddiadau wedi bod fan hyn—allwn i yn sicr ddim o'u cadarnhau nhw, maen nhw'n amheus dros ben—ond mae yna adroddiadau bod Irac yn tynnu milwyr o rai rhannau o Kuwait. Dwi'n pwysleisio na fedrai ddim cadarnhau hyn. Ond dyw e' ddim i weld yn debygol iawn ar hyn o bryd. Fe fydde fe'n sicr eisie rhyw fath o wobr am yr hyn mae e' wedi wneud cyn y byse fe'n tynnu allan heb gael ei orfodi i adael."

TA-TA I'R HEN WYDDELES

Wrth i'r flwyddyn dynnu at ei therfyn fe ddaeth diwedd ar deyrnasiad y Fenyw Haearn. Ac fe gyfaddefodd John Roberts Williams y byddai ef, mewn rhyw ffordd fasocistaidd, yn gweld ei cholli. Ac ef oedd wedi ei bedyddio fel yr Hen Wyddeles. Fe fu'n disgrifio pam.

"Pan oeddwn i gynt yn fachgen
Heb feddwl fawr nac amgen,
Ar ferched glân fe rois fy mryd
I hela'r byd yn llawen.
O'r diwedd mi briodes
Bwmba, bwmba, bwmba didi-dai,
A'r lanaf ferch a weles,
Mi fuasai'n well i mi fel dwi'n byw
Briodi a rhyw wyddeles.
Bwmba, bwmba bei-bo."

“Pe medrwn i mi fyswn i wedi canu’r uchod, sef fersiwn o Gân yr Hen Wyddeles a gofnodwyd gan DJ Williams Abergwaun. Nid i ddathlu’r newyddion gwleidyddol dramatic y baswn i’n cyflwyno—allan o diwn, mae’n sicir—yr hen gân werin yna i chi ond i hoelio sylw ar y ffaith nad oes brif lythyren ar gychwyn y gair ‘wyddeles’ yn y gân. Ac o ganlyniad, nid enllib na chyfeiriad at ferched Iwerddon sydd yma.”

“Mi eglurais yn rhywle eisoes, a mi wnâi hynny eto, rhywbeth na raid ei egluro yn Llŷn ac Eifionydd, mai dull y bröydd yna o ddisgrifio gwraig sy’n arth o ddynas yw ei galw’n hen wyddeles. Ac os bu yna arth o ddynas erioed, yna Margaret Hilda Thatcher ydi ei henw hi. Y Ddynas Ddur sy’n Ddynas Ddoe. Ac mae’n rhaid i mi gytuno â’r Faner, byddaf, mi fyddai’n ei cholli hi. Fysa chi’n colli cur yn eich pen pe bysa chi wedi gorfod ei ddiodde fo am un-mlynedd-ar-ddeg-a hanner. Ac o gofio hyn oll, be ddweda’i ond Bwmba, bwmba, bwmba didi-dai.”

1991

ARGLWYDD, ARWAIN DRWY'R ANIALWCH

"'Da chi'n meddwl am broblema sy'n bod ar hyd a lled y byd, mae hi'n broblam i feddwl lle i ddechra arni hi. . .

"Mae hi'n edrych yn o ddu ar y rhyfel yna. Mae hi'n edrych yn debyg i mi y bydd yna ryfel. Mae hi'n mynd i fod yn rhyfal yn y Gwlff ddechra'r flwyddyn yma os nad yw pethe'n mynd i altro'n ofnadwy. . .

"Gobeithio y rhown nhw chwip din go iawn i Saddam Hussein, 'te. . . Gobeithio fydd yna ddim rhyfel, dyna fy meddwl i. Mae nhw wedi rhoi'r 'deadline', y 15ed dwi'n meddwl, ynte?. . . Arglwydd, be' 'di heddwch, dudwch?"

Llais y bobol ar Radio Cymru wrth iddynt ddatgan eu hofnau am ryfel yn y Gwlff. Ac wrth i gymylau rhyfel grynhoi uwchben Irac roedd hi'n eironig ar y naw ein bod ni yng Nghymru yn dathlu daucanmlwyddiant Pantycelyn, awdur *Arglwydd, arwain drwy'r anialwch* a *Pererin wyf mewn anial dir.* Ar Radio Cymru, Derec Llwyd Morgan fu'n talu gwrogaeth i William Williams, y Pêr Ganiedydd.

"Ar achlysur ei ddaucanmlwyddiant, dwi'n hyderu y gwelwn ni yn dda i weld Williams yn ei gyflawnder yn ogystal, yn awenydd gyda'r ardderchocaf a oedd hefyd yn fyfyrdodwr dwys ac a welodd yn ei fyfyrdodau ofnau at y dyfodol ac a welodd uwchlaw'r ofnau a thrwy'r ofnau Arglwydd cariadus yn fuddugoliaethus."

Ond torri wnaeth y rhyfel. Dyma eiriau Allan Pickard ar y newyddion:

"Dinistrio gallu niwclear ac arfau cemegol Irac oedd y nod cyntaf, meddai'r Arlywydd Bush ar deledu America. Mae'r Arlywydd Saddam Hussein wedi datgan ar Radio Bagdad y bydd Irac yn dal i ymladd ac yn cario'r dydd. O Washington y daw'n hadroddiad cyntaf. Yno, ar ein rhan, mae Dewi Llwyd:

"Am dri o'r gloch y bore—hanner-nos yng Nghymru—yn yr awyr uwchben Irac a Kuwait roedd cannoedd o awyrennau rhyfel ar eu ffordd i chwalu dwsinau o safleoedd milwrol o eiddo Saddam Hussein. Bryd hynny roedd 'Operation Desert Shield' wedi ei thrawsnewid yn 'Desert Storm'. Ac yng ngeiriau'r Arlywydd Bush, ddwyawr yn ddiweddarach, roedd y cynllun i ryddhau Kuwait o afael Saddam Hussein yn cael ei weithredu. Ar ôl methiant yr ymdrechion diplomyddol, doedd gan wyth-ar-hugain o wledydd, meddai, ddim dewis ond defnyddio grym arfog i wthio'r unben yn ei ôl."

Fe barodd Rhyfel y Gwlff am chwe wythnos.

Adeg Rhyfel y Gwlff bu Dewi Llwyd yn darlledu'n fyw o Washington.

Wythnos Pantycelyn a'r Gwlff oedd hi ar Radio Cymru. Mi oedd hyn yn gwneud y gwasanaeth arbennig hwn yn dra gwahanol i unrhyw wasanaeth arall oherwydd wythnos y Gwlff yn unig oedd hi ar y rhan fwyaf o sianelu radio a theledu gweddill Gwledydd Prydain. Fe gawson ni ddarlith safonol fel y byddech chi'n ddisgwyl gan Derec Llwyd Morgan—yn null yr hen ddiwygwyr—pytiau bach blasus o enau gwesteion Hywel Gwynfryn a chanu gwych gan y grŵp Cwlwm yn yr oedfa goffa i'r emynydd mawr. Ac yna, ar ganol yr wythnos. . . *Operation Desert Storm.*

Siwan Jones, *Golwg* ar y 24ain o Ionawr.

JAWCH, DYMA JEIFIN!

Fe ddaeth Storm yr Anialwch i ben. Ond fe gychwynnodd storm arall, storm ieithyddol. Ac arwr—a dihiryn—y storm oedd Jeifin Jenkins, a gafodd allwedd y drws i Stiwdio Abertawe. Jeifin, wrth gwrs, oedd Iestyn Garlick.

"Rown i'n teimlo fod yna le i wneud rhaglen i blant. Rown i ar y pryd yn gwneud Jeifin Jenkins i'r BBC ar *Yr Hanner Awr Fawr*, a doedd yna ddim byd wedi bod ers i Cefin wneud *Ribidires*, tua blwyddyn neu ddwy yn gynharach. Ac rown i'n teimlo bod yna le ac na fydde ots gyda fi roi go arni hi. A chware teg, fe wnaeth Geraint Davies ddweud, 'Wel ie, dreiwn i'.

"Roedd e'n gyd-gynhyrchiad rhwng Geraint, y cynhyrchydd, a finne, oedd yn sgrifennu'r sgripts. Ond yn bwysicach nag unrhyw beth arall oedd y technegwyr, sef Aled Wyn ac Alun Prothero. Ac erbyn y diwedd roedden nhw'n cymryd cymaint o ran yn y rhaglen—rwy'n cofio unwaith, pan oeddwn i'n teimlo ychydig bach yn ddiog, y nhw wnaeth y linc gyntaf i gyd eu hunain. Fe wnes i gloi fy hun mewn cwpwrdd. Rown nhw'n gallu bod weithiau yn reit annifyr. Roedden nhw'n lluchio ambell i sting i mewn yn annisgwyl. Ond roedd hynna'n rhan o'r sbort. Roedd ganddo ni rhyw hanner-cant o'r stings yma, a oedd yn para ddim ond rhyw hanner eiliad weithiau, a wedyn fe fyddai'r hogia yn sefyll yn y canol efo rhyw dri neu bedwar o beiriannau yr un ac yn neidio yn ôl ac ymlaen wrth gael y rhain i gyd i weithio. Ac yn rhyfeddol, roedd pethe'n dilyn eu trefn bob tro. Ac ar ôl i'r rhaglen orffen fe fydde ni'n eistedd yno gyda'n gilydd am rhyw hanner munud yn edrych ar ein gilydd ac yn gofyn, 'Wel, be ddigwyddodd?'

Jawch! Dyma Jeifin Jenkins! Ond mae e'n debyg iawn i'r boi Garlick 'na!

"Dwi'n meddwl ein bod ni wedi bod wrthi am tua dwy flynedd. Mae'n siŵr ein bod ni'n gwneud rhyw 40 o raglenni'r flwyddyn. Wythdeg o sgripts. Ac yn y diwedd roedd rhyw bwynt yn dod pan aeth e' ychydig bach yn ormod. Allen ni ddim o'i wneud e' mwy."

Mi gawson ni ail gyfle ddydd Sadwrn, 8fed Medi, i wrando ar gyfeillion Bryncoch yn mynd drwy'u pethau ar ***'C'mon Midffild****. Dichon fod rhai ohonon' ni wedi anghofio i'r gyfres daro deuddeg ar y radio cyn inni erioed gyfarfod a Wali a Mr Picton, George , Sandra, Tecwyn a'r criw ar y sgrîn fach ond ni all y profiad o fod wedi gweld y cymeriadau ond cyfoethogi'r gwrando am yr eildro. Roedd sgript Mei Jones ac Alun Ffred am y 'Mouth Walian' yn gampus. . .*

Ann Owen, *Y Faner* ar y 3ydd o Awst.

Y STAFELL DDIRGEL

Wrth i Jeifin Jenkins gychwyn ei yrfa radio, dod i ben wnaeth cyfres Ruth Parry, *Merched yn Bennaf.* Beth bynnag fu'n gyfrifol am y penderfyniad i roi'r farwol i'r gyfres, mae'n sicr mai nid y safon na'r difyrrwch oedd ar fai. Yn y rhifyn olaf un fe wahoddodd Ruth y Dr John Davies i'r stiwdio i drafod y newid ym mhatrwm byw teuluoedd.

"Cyn dyfodiad gwres canolog, un tân fydde yn y tŷ. Fe fydde'r tân yn y stafell fyw ac fe fydde'r teulu, felly, yn crynhoi yn y stafell fyw. Ond unwaith mae gwres canolog 'da chi, a rhywbeth o'r chwechdege a'r saithdege yw hwnna, yn dechre gyda'r dosbarth canol, fe allwch chi ddefnyddio pob stafell yn y tŷ. A'r peth ydw i wedi'i weld, o ran profiad personol ac o drafod gyda phobol eraill yw'r ffordd ma' pobol ifenc y teulu fel petai'n drifftio o'r stafell fyw a chreu rhyw ymerodreth yn eu stafelloedd eu hunain wrth bod gwres canolog yn dod. Ac ar ben hynny, wrth gwrs, yn crynhoi trugaredde yna. Achos doedd dim pwrpas i bobol ifenc i gael rhyw *music centres* ac yn y blaen ddeg mlynedd ar hugen yn ôl. Doedd gyda nhw unman i'w rhoi nhw. Petai nhw'n eu rhoi nhw yn eu stafell wely, roedd hi'n rhy oer. Wir, rwy'n cofio stafelloedd gwely, tase chi'n mynd â glased o ddŵr yno gyda chi, oedd e' wedi rhewi erbyn y bore. A roedd llefydd felly yn annioddefol. Lle i gysgu yn unig odd stafell wely ugen mlynedd yn ôl.

"Ond erbyn hyn ma' hi'n ymerodreth. Ac mae 'na le i gasglu trugaredde. Ac erbyn bod bachan neu ferch ifanc yn ddeunaw oed, os oes rhyw fodd yn y teulu, mae gyda nhw stafell, o bosib, sy'n cynnwys gwerth bron bumcant, hyd yn oed fil, o bethe mae nhw wedi 'u crynhoi. Ac o ganlyniad, wrth gwrs, maen nhw'n amddiffyn eu tiriogeth, bron fel mae anifail yn y gwyllt, mewn ffordd nad oedd ddim yn wir flynyddoedd yn ôl. Nid eu stafell yw eu lle gwely nhw bellach ond eu cartre.

Daeth *Merched yn Bennaf*, dan lywyddiaeth Ruth Parry, i ben.

"Nid yn unig mae pobol yn byw eu bywydau arwahan yn eu hymerodraethe eu hunen ond mae nhw'n bwyta arwahan hefyd. Mae'r meicrodon wedi'i gynhyrchu, falle, yn fwya arbennig ar gyfer y bwyd 'ych chi'n ei gâl mewn supermarket mewn bocs, pryd porc i un neu 'chicken oriental' neu rywbeth. Chi'n ei roi e' i mewn a mae e' yno am ddwy funud a chi'n 'i fyta fe fanny yn y fan a'r lle ar ei blât plastig. Unwaith eto, mae'r syniad o'r stafell fyw fel canolbwynt, ford bwyd y teulu fel canolbwynt, mae hwnna eto wedi'i ddifetha ymhellach gan ddyfodiad y meicrodon.

"Mae'r bocsys gwin yma eto yn ddatblygiad cymdeithasegol o'r radd flaenaf. Mae rhai da iawn y dyddie yma yn dod o Bwlgaria. Y drafferth fawr yw eich bod chi'n câl bocs a chi'n meddwl—ma' potel yn rhy fawr, ond yw hi, tri chwarter litre mewn potel, gormod o gâl potel. Ond os cewch chi botel, wrth gwrs, fe gewch chi bobo lased a dyna'i diwedd hi. Ond gan fod y bocs mor hwylus, ma' bobo lased yn mynd yn fwy ac yn fwy a chyn bo chi'n troi rownd chi'n câl llawer iawn mwy wrth gâl bocs na wrth bo chi'n câl potel. Felly dwi'n credu bod y bocs hefyd yn tanseilio yr elfen syber, adeiladol a fu gynt mor nodweddiadol o'r hen werin Gymreig."

Hai, Llywelyn Davies, ti'n rhoi i mi *buzz*,
Ond paid â ngalwi'n Miss, jyst galw fi'n Ms.
Rwy'n ferch y cyfnod modern, rwy cystal â thi,
Ac rwy'n ennill mwy na'r diwalaid sy'n y BBC.
Mae gen i siârs yn Nŵr Cymru, rwy'n talu lot o dacs,
Mae gen i rif Geraint Stanley yn fy ffeilo-ffacs.
Sgen i ddim bra, sgen i ddim gŵr,
Dw'i newydd ddechra cangen o Ferched Glyndŵr.
Codi yn y bore ymhell cyn saith,
Jog ac aerobics cyn mynd i'r gwaith.
Cawod a jacwsi erbyn chwarter i wyth,
Brecwast chwim o iogyrt a phishyn o ffrwyth.
Sws ta-ta i'r babis, y cariad a'r ci,
Radio mlaen a nhroed i lawr yn y *Golf GT.*
Rwy'n byw 'da boi o Amlwch, un handi a ffein,
Tra 'dw i mewn cwarfod busnes mae o'n rhoi dillad ar y lein.
Mae o'n credu'n eitha cry mewn *Women's Rights,*
Dyna pam mae'n golchi'n ffrogia ac yn smwddio fy nheits.
Mae o'n handi rownd y tŷ, mae o'n *perfect male,*
Rhaid deud, dyw o'm cystal jogiwr a Dafydd Êl.
Fyddai'n gweld fy mhlant yn aml, maen nhw nghadw i'n ffresh,
Un mewn Tad a'i Blentyn a'r llall mewn *creche.*
Dwi'n gwybod be' dw'i isio, mae'n llaw fi ar y llyw,
Mae nhroed i ar y sbardun—wyt ti'n gwrando, rŵan, Huw?
Dwi'n ferch fodern yn y bore, merch fodern y prynhawn,
Ond erbyn amser gwely, rydwi'n ferch hen-ffasiwn iawn.

Dyfan Roberts, *Dros Ben Llestri.*

DYMA'R NEWYDDION. . .

- Terry Waite a'i draed yn rhydd yn dweud fod y rhai a'i cipiodd wedi addo rhyddhau tri gwystl Americanaidd cyn diwedd y mis yma.
- Mae Cymdeithas yr Iaith Gymraeg wedi gofyn i Wyn Roberts a David Hunt i ddod o gwmpas y bwrdd i drafod problemau sy'n wynebu cymunedau drwy Gymru.
- Mae protestiadau yn erbyn disodli Mikhail Gorbachev wedi para yn yr Undeb Sofietaidd drwy'r nos.
- Fe fydd archwiliad post-mortem yn cael ei gynnal y bore 'ma ar gorff y cyhoeddwr Robert Maxwell. Cafwyd hyd i'w gorff noeth oddi ar yr Ynysoedd Dedwydd ddoe.
- Bu brwydro ar strydoedd Trelái, Caerdydd, golygfeydd anhygoel yn debycach i Brixton a Belffast.
- Erbyn hyn symudodd ugain o blant—unarddeg o Ysgol Rhoscolyn—i Ysgol Caergeiliog er mwyn osgoi'r Gymraeg.

Mae Völler yn cael ei ben iddi, ond yno hefyd roedd Melville, ac mae mae hi yn llwybr Bodin. Mae Bodin yn rhyddhau Ian Rush ac mae Rush yn gynt na Buchwald ac mae Rush wedi sgorio i Gymru! Cymru yn troi amddiffyn yn ymosod! Ac mae Cymru ar y blaen yn erbyn pencampwyr y byd! Pedwaredd-gôl-ar-bymtheg Ian Rush dros ei wlad. Cymru—1, yr Almaen—0!

Nic Parry yn sylwebu ar gêm Cymru a'r Almaen Unedig.

1992

Y BORE-GODWYR

Blwyddyn Newydd Dda—Patrwm Newydd Gwell. Dyna oedd arwyddair Radio Cymru ar ddechrau blwyddyn wrth i batrwm y gwasanaeth newid.

Fe olygodd y newidiadau fod Hywel Gwynfryn yn troi'n ôl i fod yn fore-godwr. A Dei Tomos yn fore-godwr cynharach fyth.

"Sut un wyt ti yn y bore? Achos ti'n gorfod codi yn ofnadwy o gynnar. Yn afresymol, yn anwaraidd o gynnar."

"Mae'n debyg y bydd yn rhaid i mi godi tua hanner-awr-wedi-pedwar. Felly dwi'n ei gweld hi rŵan. Mae'n anodd iawn deud, wrth gwrs. Ond codi rhyw chwartar-wedi-pedwar a wedyn rhyw folchi a chael tamaid o dost a neidio i'r car a gobeithio bod ym Mangor erbyn pump."

"A dwi'n gwybod hefyd dy fod ti'n edrych ymlaen yn fawr iawn i gydweithio efo fi. Rwy'n gwybod dy fod ti. Does dim eisie i chdi ddeud."

"Pleser amheuthun, 'te."

"A braint. A chofia'r anrhydedd. Ond rydw inna'n edrych ymlaen yn fawr iawn at ddod yn ôl at y bora. Grêt. Dechra da i'r flwyddyn newydd."

"O, cracar."

"Faint o'r gloch eto?"

"Chwech o'r gloch. Cofiwch amdano'n ni, *Blas ar y Bore*."

"A wela i chi am ugain munud wedi wyth."

Golygydd Radio Cymru, Lyn Jones, fu'n gyfrifol am y newidiadau. Bu'n esbonio pam oedd angen ailwampio.

"Y nod cyntaf, wrth reswm, oedd cryfhau gwasanaeth oedd eisoes yn boblogaidd gan y gwrandawyr. Y cam cyntaf un oedd cynnal arolwg manwl iawn o'r gwrandawyr ac fe gomisiynwyd arolwg yn benodol i gasglu'r argraffiadau gan gwmni yn arbenigo yn y maes yma. Ac fe gawson ni ymateb cadarnhaol iawn gan drawsdoriad eang iawn o wrandawyr. Yr adroddiad hwn roddodd sail i'r penderfyniadau ynghylch y newidiadau arfaethedig yma. Mae 'na gynnydd yn nifer yr oriau darlledu o fewn y patrwm newydd. Mae hynny yn ei hunan yn cryfhau'r gwasanaeth. Digon o raglenni difyr, digon o fwrlwm a bywiogrwydd. A mwy o oriau i ddarlledu i adlewyrchu pob dim sy'n digwydd yng Nghymru a thu hwnt."

Ymhlith y 99 o oriau'r wythnos fe arhosodd llawer o'r hen ffefrynnau. Ond fe glywyd hefyd nifer o leisiau newydd—Wyn Gruffydd, Delyth Morgan, Llinos Wyn, Alwyn Siôn a'r Doctor Glyn Elwyn.

Fe ddaeth Nia Roberts "fel chwa o awyr iach".

Wel, dyna drefn newydd Radio Cymru wedi hen setlo i lawr bellach, a minnau'n dechre dod i ddygymod â llais Hywel Gwynfryn yn y bore yn hytrach na'r 'pnawn. Mae ei ddawn ddiflino i ymddiddori ym mhawb a phopeth yn fy rhyfeddu, a'i sicrwydd a'i hiwmor yn ysgafnhau tasgau'r gwaith tŷ boreol.

Mae *Ocsiwnia* wedyn fel chwa o awyr iach ar y gwifrau. Fe gofiwch am boblogrwydd rhaglen debyg y diweddar Gari Williams, ond unwaith yr wythnos ddarlledid honno. Tipyn o gambl bid siŵr oedd darlledu rhaglen brynu a gwerthu **bob** bore. . .

Llongyfarchiadau i'r ocsiwnïar hefyd; mae Nia yn llawn asbri ac yn meddu ar ddawn gyfathrebu naturiol.

Elin Mair, *Y Faner.*

Mae Radio Cymru yn bywiogi drwyddo ar fore Sadwrn. Mae'r naws yn wahanol hollol i ddarlledu gweddill yr wythnos ac anodd credu fod bore Sadwrn yn rhan o'r un gwasanaeth. Mae'r afiaith a'r ffresni i'w groesawu'n fawr. . .Un slic iawn yw Rhodri Tomos. . . ac mae ei **Sioe Siartiau** yn cyfrannu at naws Sadyrnaidd arbennig. Yn ogystal â chyflwyno bywiog, yr hyn gawn ni ar fore dydd Sadwrn, yn wahanol i weddill wythnos Radio Cymru, yw dewis hollol gyfoes o recordiau. . . Ond pam cyfyngu'r Beganifs a Byd Newydd a Cerrig Melys i fore Sadwrn yn unig? Mi fasa'ch yn tyngu eich bod chi ar blaned arall.

Siân Gwenllian, *Golwg.*

ALUN YN GADAEL

Lleisiau newydd. Hen leisiau. Ac un llais yn tewi am byth. Os bu'r gair 'proffesiynol' yn un addas i ddisgrifio rhywun erioed, yna Alun Williams oedd y rhywun hwnnw. Ef, mae'n siŵr, oedd un o'r darlledwyr mwyaf amryddawn i gyfrannu i Radio Cymru erioed.

"Un o'r cofion cynta sy' gen i yw sefyll ym mhulpud eglwys y Methodistiaid yn Taibach, Port Talbot ac yn adrodd 'Pe llefarwn a thafodau dynion ac angylion', Epistol Paul at y Corinthiaid o'r dechre i'r diwedd. Sefyll ar focs yn y pulpud."

Hunan-hyder, awgrymodd Beti George. A 'cheek', hwyrach hefyd?

"Ie, os mynnwch chi. Digon ohono fe. Ddim gormod, cofiwch. Ond mae'n rhaid cael ychydig bach, ond oes e', i ddod ymlân."

Hon oedd y flwyddyn a welodd golli Alun Williams.

A'r rysáit i fod yn ddarlledwr llwyddiannus?

"Does 'na ddim ateb parod, rwy'n sicir o hynny. Ond os oes yna un ateb i'r cwestiwn yna dw'i ddim yn siŵr ai dyma yw'r ateb iawn—naturioldeb. 'Be yourself'. Bydd yn driw i ti dy hunan. A felly fe fyddi di'n driw i dy gynulleidfa hefyd.

"Diolch yn fawr i chi am wrando heno. Hwyl fawr i chi i gyd. Da bo chi . . "

Y penawdau am wyth o'r gloch. . .

Terfysg ar strydoedd Los Angeles ar ôl i lys gael pedwar plismon gwyn yn ddieuog o ymosod ar fodurwr croenddu. . .

"Yng ngeiriau un plismon yma, 'this is urban armageddon'. Mae 'na bryder mawr yma. Caewyd yr ysgolion. Mae hi'n stad o argyfwng, hynny wedi cael ei gyhoeddi gan y Maer a Llywodraethwr y Dalaith. A mae 'na ddwy fil o'r Gwarchodlu Cenedlaethol ar eu ffordd, rai ohonyn nhw eisoes wedi cyrraedd dinas Los Angeles. Mae natur yn cynorthwyo i raddau heddiw. Dyw'r gwres ddim mor danbaid a mae'r gwyntoedd yn llai ysgafn. Mae'n ddydd o ddicter, yn ddydd o hunan-chwiliad ac yn ddydd o weddïo cyson."

IDE Thomas o America.

JARMAN AR Y RHINIOG

Neil Kinnock yn ymddiswyddo ar ôl methu ag arwain ei blaid i fuddugoliaeth yn yr Etholiad Cyffredinol. David Mellor yn ymddiswyddo wedi iddo gael ei ddal yn chwarae oddi cartref tra'n gwisgo crys Chelsea. Ond dod yn ôl wnaeth Geraint Jarman i recordio cryno-ddisg, 'Rhiniog'. Ian Gill fu'n esbonio.

"Mae 'na betha eraill sy'n medru digwydd lle ti jyst yn deud y peth cynta sy'n dod i dy ben di. Ac mae 'na rwbath yn digwydd yn ei sgil o nad oeddat ti ddim wedi meddwl amdano fo. Roedd 'na achos o hyn ar un o raglenni pnawn dydd Sul, a be oedd gynno ni ond rhyw fath o artist yr wythnos. Ac yn syml iawn, yr hyn oedd o oedd ffordd o lenwi chwartar awr, ugain munud o'r rhaglen efo caneuon rhyw artist neu'i gilydd, felly. Ag ar yr wythnos arbennig yma, Geraint Jarman oedd yr artist. A doedd Jarman ddim wedi cynhyrchu unrhyw stwff am o bosib dair neu bedair blynedd erbyn y diwrnod arbennig yma. A'r hyn wnaethon ni oedd chwara dipyn o'r stwff 'reggae' oedd o'n wneud.

"Rŵan, doeddwn i erioed wedi bod yn ffan o'r stwff yna. Rown i wastad wedi leicio pethe fel *Hen Wlad fy Nhadau* a *Bourgoise Roc*. A stwff fel hyn. A mae rhywun yn deud pethe gwirion wrth ddarlledu a fe ddwedes i, 'Dyna'i chi gân o

A wnaeth Ian Gill, tybed, sbarduno Jarman?

Hen Wlad fy Nhadau, pan oedd Geraint Jarman yn sgwennu caneuon go iawn'. A dyna fo, mynd ymlaen at y peth nesa. Nawr, roedd Jarman wedi clywed hyn ac wedi ypsetio'n fawr iawn. Doeddwn i ddim yn gwybod hyn ar y pryd ond mi sgwennodd gân, felly, am y pnawn arbennig hwnnw. Doeddwn i ddim isio brifo'i deimladau fo ond fysa'n neis meddwl fod y ffaith i mi roi'r ergyd fach honna iddo fo wedi'i gael o yn ôl i mewn i'r stiwdio a'i gael o nôl i recordio."

"Dw'i ddim yn gwybod, fasa raid gofyn iddo fo am hynny, felly. Ond fyswn i'n leicio meddwl mai dyna oedd y rheswm pam aeth o'n ôl i recordio *Hei, Mr DJ*."

Mrs Duw, Mrs Duw, fe atebaist, Mrs Duw,
Weddi daer yr holl ferched ymhob man,
Mrs Duw, Mrs Duw, sibrwd wrth y Pab a'i griw
Bod ni'n bobol reit gyfrifol, Mrs Duw

Caniatâd i ordeinio merched Eglwys Loegr yn offeiriaid

FFARWEL, ATHRO

Fis Awst bu farw un o gyfrannwyr mwyaf diddan Radio Cymru, yr Athro Bedwyr Lewis Jones.

"Diwrnod cynta ar ymarfer dysgu. Own i wedi mynd i Ysgol Llangefni, yr hen ysgol lle own i yn hogyn. A oedd gen i yr athro Cymraeg diocaf a droediodd y ddaear yma erioed. Dduda'i ddim o'i enw fo. Roedd o'n rhemp o ddiog. Hen greadur annwyl. A JO Roberts yn disgrifio fel oedd o'n dod i mewn ac yn deud wrthon ni, 'Rhowch hwn ar gâs eich llyfr gwaith cartra, hogia'. A JO yn deud, 'Roedd gynon ni fwy ar gâs y llyfr nag oedd y tu mewn iddo fo'.

"Pan es i yno i wneud fy ymarfer dysgu, a dyma ddweud wrtho fo, 'Mr Pierce'—nid dyna oedd ei enw fo—'rwy i fod ddod rownd efo chi i'r gwersi.' 'Paid ti a phoeni, machgan i, cymer di smôc yn staff room, yli.'

"Rhyw dridia wedyn dyma ddeud wrtho, 'Mr Pierce, dwi fod i gymryd rhyw ddwy wers y dydd. Fydd rhaid i mi roi cyfri nôl i Fangor be' dwi'n wneud.' 'Ia, iawn, fe gawn ni weld. Dyna ti. Ti'n hapus fanna, dwyt, papur newydd fanna? Dyna ti.'

"Ac roedd hyn wedi mynd ymlaen o ddydd Llun hyd ddydd Gwener. A phrynhawn dydd Gwener dyma feddwl, 'Mae'n rhaid i mi fyrddio hwn eto. Mae'n rhaid i mi. Fe fyddan nhw'n holi fi.' 'Ow'n i isio cael gair bach efo chdi, weldi. Gan bod chdi yma, own i'n meddwl, dew, dydi'r hen stumog ddim yn dda, a own i'n meddwl fyswn i'n peidio dŵad i'r ysgol am pythefnos nesa. Dyma ti fy nhaflen amsar i.' A dyma fo rhoid ei daflen amsar cyfan, yn cynnwys o'r dosbarth cyntaf i'r chweched i mi am bythefnos. A finna erioed wedi dysgu pum munud.

"Ffwrdd a fi ati hi a pharatoi ar gyfar y chweched a siansio fy lwc. Rown i wrthi'n dysgu Safon Un neu Safon Dau, lluosog enwa, ac agor y llyfr Help Llaw neu rwbath felly. Ac wrthi'n dyrnu, ychwanegu terfyniad, wyddoch chi—y stwff dwl hwnnw. A rown i wedi rhoi gwers yn y bora ac roedd yna wers gyda'r un dosbarth am dri o'r gloch. A nôl a fi yn pnawn at y Dosbarth Un yma a ricap. A llaw i fyny. Iorwerth oedd o, Iorwerth Roberts sy'n darlledu'n aml iawn ar *Helo Bobol* o Norwy. 'Plis, syr,' medda fo, 'be di unigol cocos?'

"Roedd Iorwerth yn fab i'r Parchedig John Alun Roberts, y darlledwr a'r wag godidog hwnnw. Roedd o wedi deud amsar cinio, 'Dad, mae gynno ni stiwdant.' 'Pwy ydi o?' 'Bedwyr'. . ."

Ie, Nawdeg-dau sydd drosodd, diolch byth na ches i un
Fu mor uffernol afiach a Nawdeg-dau y Cwîn,
Castell wedi llosgi a'i theulu yn y cawl,
A phopeth annwyl iddi wedi mynd i'r diawl.
Edrych nôl heb dorri calon, yn cadw pethe da,
Edrych nôl heb dywallt deigryn, edrych mlaen nawr at yr Ha';
Anghofio am John Major, am Ffyrgi, Charles a Di,
Anghofio am Bill Clinton, y 'Summit' ac ar bwy mae'r bai;
A beth am *El Dorado*? Mellor *et al*?
A'r holl gwmnïau bychain sy' wedi mynd i'r wal?
A beth am Gazza, be' di'r pwys os sgoriodd un neu ddwy?
Mae'r byd yn diodde problemau mwy.
Anghofiwn am y Mastricht; 'so what'? i'r ERM.
Edrych mlaen at ffasiwn newydd, i ba gyfeiriad aiff yr hem?
Edrych nôl heb golli cwsg, cofio'r pethe da,
Edrych nôl heb deimlo'n euog, edrych mlaen nawr at yr Ha'.

Criw *Drwg yn y Caws.*

1993

Y GWAED DINIWED

Fe urddwyd Bill Clinton yn Arlywydd America a thyngodd y llw o deyrngarwch i'w wlad. Ond ddim pawb oedd wedi eu dallu gan y rhethreg. Ddim Guto Prys ap Gwynfor, beth bynnag, ar *Munud i Feddwl*.

"'Rwy'n teimlo'n eitha da ynglŷn â'r hyn a ddigwyddodd' oedd geiriau Bill Clinton ar y ffordd i'r cwrdd nos Sul diwetha. Cyfeirio odd e' at y modd y gwnaeth lluoedd America fomio Bagdad ychydig oriau ynghynt gan ladd plant a phobol diniwed yn y broses. Ac mae'r Arlywydd yn teimlo'n eitha da ynglŷn ag e'. Does dim syniad 'da fi beth odd cynnwys y bregeth a glywodd yn y cwrdd a fynychodd y noson honno. Ond fe alla' i ddweud, gyda sicrwydd, nad yw'r Duw a addolai yn teimlo'n dda am yr hyn a ddigwyddodd. A chabledd pur yw awgrymu fel arall."

Yn Lerpwl, fel yn Bagdad, roedd yna alaru hefyd, fel y dadlennwyd ar y newyddion.

"Yn yr ystafell orlawn yma yng ngorsaf Marsh Lane mewn cynhadledd newyddion, dywedodd ditectifs sy'n arwain yr ymchwiliad i lofruddiaeth James Bulger eu bod yn dal i holi'r bachgen deuddeg mlwydd oed gafodd ei arestio neithiwr ond fod yr ymchwiliad yn parhau. Datgelwyd hefyd fod dau fachgen ifanc wedi ceisio denu plant eraill oddi wrth eu rhieni yn y ganolfan siopa yn Bootle brynhawn Gwener. Yn ôl mam y plant, roedd y bechgyn hynny yn debyg i'r ddau fachgen welwyd ar gamera fideo yn arwain James o'r ganolfan ar yr un diwrnod. Mae'r heddlu wedi gwneud apêl ar i unrhyw un welodd y llanciau yn siop TJ Hughes i gysylltu â nhw ar unwaith."

A llofruddiaeth diniweidrwydd—a'r diniwed—wnaeth Elwyn Jones ei ddewis fel digwyddiad mwyaf erchyll y flwyddyn.

"Y peth sydd yn aros yn fy nghof i fel erchylltra mawr y flwyddyn yw y bom honno a ffrwydrodd yn Warrington ar brynhawn Sadwrn ym mis Mawrth yn annisgwyl, ond yn ddeifiol, i ddau deulu a gollodd eu meibion ieuanc a diniwed a di-fai. Oherwydd marwolaeth y ddau blentyn yma, ysgwydwyd gwlad gyfan. A dro ar ôl tro, yn ystod y flwyddyn, rhywsut fe ddaeth y cof yn ôl i mi mewn eitemau o newyddion. A 'dw i yn argyhoeddedig fy hun mai'r digwyddiad yna roddodd benderfyniad cadarn iawn yn John Major i geisio cael rhyw fath o gytundeb heddwch yng Ngogledd Iwerddon. Os gwir hynny, yna ni fu'r ddau fach farw am ddim."

Ag edrych rownd i'r stafell a'r adnoddau, yr hyn sy'n taro dyn yn syth bin yw'r gwahanol ieithoedd. Mae plant fan hyn yn dod o bob cefndir, ddweden i.

O bob rhan o'r byd, oes. Weithiau mae yna un-ar-bymtheg o ieithoedd yn cael eu siarad yn yr ysgol. Mae'r rhan fwyaf o'r plant yn dod o Bangladesh. Mae rhai o Bacistan. Mae lot o blant myfyrwyr yn dod yma—o Malaysia, plant yn dod o Somalia. Fe ddaeth plentyn—wel, teulu—yma dair wythnos yn ôl ar ôl bod mewn camp yn Ethiopia yn disgwyl cael dod draw i'r wlad yma. Mae hi'n ysgol ddiddorol iawn i weithio ynddi hi.

Siŵr o fod. Sut mae'r plant yn ymdopi wedyn a bod fan hyn ym Mhrifddinas Cymru?

Rwy'n falch bod chi wedi dweud Prifddinas Cymru achos rwy'n credu eu bod nhw'n uniaethu yn gyflym iawn gyda ni. Dw'i i wedi mwynhau dysgu yma achos mae'r plant yn deall nad ydw i'n siarad Saesneg adre, mai Cymraeg yw'r iaith adre. Rwy'n credu fod parch gyda nhw ata i am eu bod nhw'n deall mai nid Saesneg yw fy iaith gynta i—yr un peth a nhw—a maen nhw'n ymdopi'n dda wedyn. Rwy'n treio'u cael nhw i fod yn falch o'u hiaith ac o'u gwledydd.

Mae hynna i'w weld hefyd o amgylch y stafell. O edrych lan fanna, y cynta yw 'Smot'. A wedyn, yn ymyl llyfr 'Dear Zoo', dwi ddim yn deall yr iaith honno.

Bengali, rwy'n credu. 'Dwi ddim yn deall y sgriptiau i gyd. Ond un o'r ieithoedd hynna.

Yn gwbwl gartrefol nesa at ei gilydd?

Ydyn. Mae'r plant yn dysgu Cymraeg. Ac wrth gwrs, os yw hi'r drydedd neu'r bedwaredd iaith iddyn nhw mae hi lot yn haws iddyn nhw nag i'r plant sy'n dysgu Cymraeg fel ail iaith.

Oes rhai o'r rhain fyddwch chi'n dilyn eu hynt a'u helynt nhw wedi iddyn nhw adael yr ysgol a mynd ymlaen i sefyll arholiadau?

Mae un crwt, er mai ail iaith oedd y Gymraeg iddo fe, mae e' wedi gwneud gradd yng Nghaerdydd yn y Gymraeg.

Heblaw'r holl ieithoedd, 'rych chi fel cymdeithas fach o fewn yr ysgol. Fyddwch chi hefyd yn dathlu y gwahanol bethe sy' gan y gwahanol wledydd?

O, ydyn, ry'n ni'n dathlu pob gŵyl fawr. Ry'n ni'n dathlu Gŵyl y Mwslemiaid. Yn yr Hydre ry'n ni'n dathlu'r cynhaeaf a ry'n ni yn dathlu Gŵyl y Goleuadau yr Hindwiaid a'r Sikhs. A ry'n ni newydd ddathlu Gŵyl Blwyddyn Newydd y Tsineaid.

Geraint Evans yn holi Ann Williams, dirprwy brifathrawes Ysgol Kitchener Davies, Caerdydd o'r gyfres *Coes ôl Mamgu.*

Bu cynnydd cyson yn nifer y bobl sy'n gwrando ar Radio Cymru ers Ionawr y llynedd, yn ôl ffigurau a gyhoeddwyd ddydd Llun. Yn ôl y ffigurau hyn y mae 100,000 yn gwrando ar Radio Cymru ar ryw adeg o'r dydd—sef chwarter y Cymry Cymraeg.

Wrth ymateb i'r ffigurau dywedodd Pennaeth Radio Cymru, Lyn Jones, "Mae'r ymateb hwn wedi cadarnhau ein gobeithion ni. . ."

Y Cymro, 12fed Mai.

RWDL-MI-RI

Un o dermau mawr y flwyddyn oedd 'political correctness'. Ac fe gafodd hwnnw, a thermau eraill, sylw gan Garry Slaymaker ar y rhaglen *Ar Lin Sam.*

"Un o'r terme wi'n ei glywed yn amal y dyddie hyn yw 'political correctness'. Rhyw chwilen ym mhen pobol sy'n gwneud iddyn nhw ymddwyn yn wleidyddol gywir. Hynny yw, peidio gwneud cam ag unrhyw un. Glywsoch chi'r fath ddwli eriôd? Yn ddiweddar rwy wedi prynu'r llyfr 'ma, 'The Politically Correct Dictionary and Handbook'.

"Dyw hyn ddim yn jôc, ma'r llyfyr yma'n bodoli a ma' fe ar werth mewn siope fel *Smiths* a *Menzies*. Ac ar ôl darllen drw'r peth mae e' wedi'n synnu i pa fath o ddwli ma' bobol yn ei weud er mwyn bod yn wleidyddol gywir. Dyma rai o'r esiample rwy wedi'u pigo mas i chi. Treiwch ddyfalu rhai o'r terme gwreiddiol A fe allwch chi, bois, fy helpu i fan hyn os 'ych chi'n moyn.

"*Alternative dentation?* Dannedd gosod. Spot on. Un pwynt i chi, fanna, Mr Davies.

"*Attentive deficit disordered child?* Iob, ie, chi'n iawn. Neu'r diawl bach sy wastad yn gwneud swn yng nghefen y dosbarth. Rhywun fydde wastad yn câl 'D' ar y cap. Cer i'r gornel. Ca' dy ben, y diawl.

"*Cerebrally challenged?* Fuoch chi'n gloi yn ateb hwnna. Twpsyn, ie. Ac i symud ymlân, ma' *'air-head'* yma, o dan *cerebrally atmospheric individual.* O, lyfli.

"*Chemically inconvenienced?* Unrhyw syniad? Wedi'i dal hi, ie, yn feddwl gocyls.

"*Chronologically gifted?* Dewch mlân, Mr Davies, fyddwch chi yn gwbod hon.

"*Cosmetically different?* Wel, salw. Yn gwmws beth ow'n i wedi sgrifennu fan hyn. Diolch yn fawr i chi.

"A beth am *career offender cartel?* Aelod o'r Maffia. Ond hon yw'r un sy' wedi ngoglais i. "Domestic *incarceration survivor?* Gwraig tŷ. Da iawn.

Un o gas-bethau Gary Slaymaker oedd cywirdeb gwleidyddol.

Mae'n rhaid mai ffars fawr 1993 oedd y ras nad ydoedd, sef methiant i gychwyn y *Grand National.* Nid unwaith, cofiwch, ond ddwywaith. Roedd yr holl beth fel pantomeim. Ac fe gafwyd incwest am wythnos yn ddi-ben-draw yn y wasg. Fisoedd wedyn fe ddaeth ryw adroddiad a feiodd ryw greadur hen gyda fflag linen a fethodd ei chodi mewn pryd. Braf iawn fysa medru beio leinsman am bob tro pan oeddach chi'n refferïo ers talwm, ynte Gwilym, am beidio codi fflag yn ddigon buan. Rhywsut cafodd y sefydliad hyd i rhyw *scapegoat* bach a rhoi y bai ar hwnnw.

Ond fel un sydd erioed wedi deall pam fod pobol yn gweld dim byd o ddiddordeb mewn rasio ceffylau, gwylio ceffylau'n mynd rownd a rownd a rownd a gwario arian i wneud hynny, nid oedd o bwys i mi o gwbwl. Ond yr holl lanast a adawodd sydd yn gofyn y cwestiwn—pam cael y ras o gwbwl? Gwell fysa gwneud y peth ar bapur bob blwyddyn. A llai creulon i'r ceffylau, hwyrach. Dim ond gofyn yn fy anwybodaeth o'r petha yma ydw i.

Elwyn Jones yn dewis ffars y flwyddyn wrth sgwrsio â Gwilym Owen

RHAGOR 'TO

Erbyn mis Hydref roedd ehangu pellach wedi digwydd yn arlwy Radio Cymru. Ymestynnwyd y darlledu gyda'r nos o hanner-awr-wedi-chwech tan wyth o'r gloch. Ac yn y prynhawniau fe ddisodlwyd pecyn o raglenni ysgolion gan awr o *Be Nesa?* O ganlyniad, dim ond hanner-awr o Saesneg oedd i'w glywed drwy'r wythnos ar Radio Cymru.

Ac fe anwyd y Ddeddf Iaith ac, yn ei sgil, y Bwrdd Iaith gyda Dafydd Elis-Thomas yn gadeirydd. Fel hyn y gwelodd criw llai parchus bethe ar Radio Cymru.

**Unwaith eto, cwangos, cwangos,
Ni sydd yn rheoli'r wlad,
Llawen gwrdd â hen gyfeillion
Sydd yn rhoddi mawr fwynhad.
Cwango-land, cwango-land,
Mabwysiadwyd ni i'w chrud;
O holl wledydd y ddaear,
Hon yw cwango mwya'r byd.**

Un tro, mewn gwlad fach ryfedd yn agos iawn at Loegr, a heb fod yn bell o'r Werddon, roedd yna genedl od iawn yn byw. Beirdd oedd eu hanner nhw. A'r hanner arall yn gweithio i'r cyfryngau. Wel' roedd hanner y beirdd yn gweithio i'r cyfryngau hefyd. A'r hanner arall isio gweithio ar y cyfryngau. A hanner y rhai ar y cyfryngau yn meddwl eu bod nhw'n feirdd a'r hanner arall ddim yn gwybod be' ddiawl oedd poitri. Ond awn ni ddim i gymhlethu petha ar y stêj yma.

John Ogwen.

ACHOSION I'W COFIO

Bu 1993 yn flwyddyn a ddaeth ag enwau fel David Koresh a Waco, Texas yn enwau cyffredin iawn. Fe welwyd achos a fedyddiwyd yn Achos Meibion Glyndŵr yn dod i ben yng Nghaernarfon. Cafwyd dau o'r tri diffynnydd yn ddieuog ond carcharwyd Siôn Aubrey Roberts am 12 mlynedd am ddanfon dyfeisiadau cynnau tân drwy'r post.

Ac fe gafwyd y ddau fachgen ifanc yn euog o lofruddio James Bulger. Ar Radio Cymru bu heddwas a fu'n gyfrifol am arestio un o'r bechgyn, yn son am ei brofiadau. Sut fachgen oedd Robert Thompson, yn ôl y Ditectif Ringyll Phil Roberts?

"Run fath ag unrhyw fachgen arall deg oed. Roedd e'n fachgen hardd i edrych arno. Bachgen teidi. Fe wnes i feddwl ei fod e'n euog yn yr ail 'interview' pan ddwedodd roedd o wedi gweld James yn y Strand yn Bootle am lai na munud ac eto'n medru dweud be' oedd James yn ei wisgo. Hynny oedd, anorac glas. Fel fyddech chi'n gwybod, fe fyddai'n anodd coelio petai fi neu chi yn mynd i siopa, a mwy na gweld eich ffrindie allwch chi byth gofio gweld rhywun arall heb son am be' oeddynt yn ei wisgo. Dyna'r camgymeriad cyntaf.

"Felly, ymlaen ddaru pethe ddatblygu. Roedd o yn dweud wrthaf fi ar y tâp yna fod James wedi cael ei gymeryd o'r Strand i'r fan lle'r oedd o wedi cael ei ladd ar y 'railway'. Defnyddio Bachgen 'B', John Venables fel esgus wnaeth o. A rydw i yn meddwl y gallent ladd eto. Y ddau gyda'i gilydd. Roedd y ddau yn fechgyn ffiaidd, yn 'evil freaks'. Petaent heb gael eu dal rwyf fi'n meddwl y byddent wedi lladd mwy.

"Nawr rwy'n teimlo fod pwysau mawr wedi mynd o'm ysgwyddau i. Rwy'n teimlo'n falch fod cyfiawnder wedi cael ei wneud. Ac yn falch ein bod ni wedi eu cael nhw mor fuan cyn iddyn wneud ychwaneg o ddifrod i deuluoedd eraill."

Os clywa'i gân Meatloaf unwaith eto, mi fyddai'n sgrechian! Ar ôl pythefnos o ***Radio One, Atlantic 252*** *a* ***Radio Bristol****, cewch ferwi 'mhen i os dduda i unrhyw beth cas am Radio Cymru byth eto! Roedd pwy bynnag ddeudodd nad ydach chi byth yn gwerthfawrogi rhywbeth tan i chi i golli fo yn llygad ei le.*

Beca Brown, *Golwg* ar yr 2il o Ragfyr ar ôl treulio pythefnos yng ngharchar am ei rhan yn y brotest dros Ddeddf Addysg Deg.

1994

DADL Y GOLER GRON

Hon oedd y flwyddyn pan dorrodd y ddadl dros ac yn erbyn ordeinio merched ar draws Cymru. Ac ar y *Stondin* fe gafwyd llwyfan i'r naill farn a'r llall. Fe ofynnodd Sulwyn i Delyth Bowen a oedd y flwyddyn arbennig hon wedi bod braidd yn embaras i ferched o fewn yr Eglwys?

"O, na, ddim o gwbwl. Dwi ddim yn meddwl hynny. Fel dwi wedi dweud o'r blaen, mae'n gwaith ni'n mynd ymlaen yn gwmws fel oedd e' o'r blaen. Tipyn bach o 'hiccup' oedd e', falle, ond dim mwy na hynny."

"Ond pryd y byddwch chi'n debygol o gael ateb pendant i'r cwestiwn o ordeinio merched, 'te?"

"Yn bersonol, 'dw i ddim yn credu ei fod e'n mynd i ddigwydd yn y dyfodol agos. Falle bo fi'n edrych ar yr ochr ddu ormod. Ond rwy'n credu falle gawn ni'n rhwystro am flynyddoedd eto. Gobeithio bo fi'n anghywir y tro yma."

"John Jenkins, falle bod hynna, yn dawel bach, yn fêl ar eich bysedd chi achos 'ych chi wedi gwrthwynebu hynna o'r dechre."

"Ydw. Dwi'n teimlo fod cyfle arbennig wedi cael ei roi i'r Eglwys yng Nghymru, hen Eglwys Geltaidd y wlad yma, i sefyll wrth ei gwreiddie. Yn lle hynny mae hi wedi dilyn ar ôl Eglwys Loeger sydd â'i gwreiddiau ddim mor ddwfn â'r Eglwys yng Nghymru. Trueni, trueni difrifol am hyn ynglŷn ag ordeinio menywod, hefyd ynglŷn ag ailbriodi pobol sy' wedi cael ysgariad yn yr Eglwys. Dwi'n gwrthwynebu'r ddau beth a'm holl galon. Mae pobol heddiw yn parchu llawer mwy sefydliad sy'n sefyll wrth ei gwreiddie."

"Ond odi chi, falle, wedi cael lle i ailfeddwl o glywed yr holl ddadlau a'r dadleuon yn y Synod?"

"Ddim o gwbwl. Mae'n safbwynt i yn sefyll yn yr un man yn hollol gadarn, mor gadarn ag oedd e' ar y dechre."

"'Ych chi yn gweld fod Delyth siŵr o fod yn llygad ei lle wrth ofni na fydd yna ateb pendant am beth amser i ddod?"

"Wel, rwy'n gobeithio ei bod hi."

SECSTI NONSANS!

Doedd cael doctor i roi barn feddygol ddim yn beth newydd o bell ffordd ar Radio Cymru. Ond fe dorrwyd tir newydd ym 1994 drwy alw ar wasanaeth *Y Doctor Newyddion*. Os nad oedd Gwyn Doctor yn arbenigwr meddygol, roedd e' a'i fys ar byls y genedl, fel yn yr eitem honno pan fu'n holi pa mor iach oedd agwedd y cylchgrawn *Golwg* wrth ofyn i ferched fodelu dillad isaf. Yn wynebu'r scalpel roedd golygydd y cylchgrawn, Robin Gwyn.

"O, chydig o hwyl ydi o. Dwi'n gobeithio fydd pobol yn cymryd y peth yn yr ysbryd iawn, ynte. Dwi'n deall, efallai, bod rhai pobol yn mynd i bryderu fod yna rywbeth pornograffig amdan y peth. Ond dwi'n meddwl bod yna dipyn o wahaniaeth rhwng edrych yn 'glamorous', a hyd yn oed edrych yn secsi, a rhywbeth sy'n portreadu merched mewn ffordd bornograffig. Fydd yna ddim ecsbloetio, fydd yna ddim byd di-chwaeth, fydd yna ddim byd yn gwneud i bobol feddwl mai darnau o gig yw merched, felly."

"Be arall ydi o? Tasa chi'n gallu dangos y dillad isa yma drwy jyst dangos y dillad isa, dangos llunia o'r dillad isa. Dim esgus i ddangos merched hanner-noeth ydi hyn?"

"Dwi'n meddwl fod pobol sydd â diddordeb mewn prynu dillad isa, maen nhw eisia gweld sut mae nhw'n edrych ar berson, nid ar ryw 'mannequin' yn ffenast y siop. Y math o lunia ydyn nhw ag y bydde pobol yn eu gweld mewn cylchgrona merched fel ***Cosmopolitan****. Dwi'n credu fydd yna fwy o ferched yn darllan yr erthygl ag yn edrych ar y llunia yma na fydd yna o ddynion."*

"Iawn, aros di fanna. Ar y ffôn arall nawr mae Danw Nofembyr. Danw, be' ti'n feddwl o hyn?"

"Wel, mae'n amlwg fod Robin Gwyn isio i ni dalu am gael cip ar ei ffantasïau rhywiol rŵan, yndi. Mae hynna'n glyfar iawn ar ei ran o. Pam mae'r peth mor ddiniwed os ydi oedran y cystadleuwyr wedi'i gyfyngu i ddeunaw a phump-ar-hugain oed?"

"Iawn, cwestiwn da. Robin, pam merched rhwng deunaw a dauddeg-pump, felly?"

"Oherwydd, falla, bod rhai pobol yn teimlo'n or- sensitif amdan y peth, fel Danw, ynte, 'da ni wedi. . ."

"Mae o ofn cael ei gyhuddo o greu 'child pornography'. Dydi o ddim isio cael y drafferth yna. . ."

"Gadewch i ni gael y cefndir, ynte. Erthygl fydd hi yn edrych ar ffatri yn Ne Cymru sy'n cynhyrchu dillad i ***Marks and Spencers****. Felly, mae rhwbath felna yn medru bod yn drymaidd. Wedyn, yr unig ffordd i'w droi o'n boblogaidd yw cael rhywun i fodelu'r dillad."*

"Dwi'n gwybod am eich cylchgrawn chi. Mae 'na rhyw sglein ffug,

radicalaidd amdano fo rŵan eich bod chi'n dangos eich misoginy yn blaen i bawb. Rych chi isio dangos merched fel puteiniaid. . ."

"Gad i Robin ateb hyn, 'ta."

"Y rheswm does yna ddim bechgyn yn mynd i fodelu'r peth ydi am nad yw'r ffatri yma gwneud dillad isa i fechgyn neu fe fysa 'na fechgyn yn y llunia hefyd. Does yna ddim byd sinistr. Does yma ddim cynllwyn yn erbyn merched. Os wnewch chi edrych ar trac record ***Golwg****, 'da ni wedi cael sawl erthygl yn edrych ar hawlia merched. Adag yma llynadd, roedd gynno ni dair tudalen. . ."*

"Robin, gad i ni beidio mynd ar ôl hanes *Golwg*. Ond un peth mae *Golwg* yn treio'i wneud, yn ôl be dwi'n ddallt, yw mae e'n ceisio bod yn gylchgrawn modern, i bobol gymharol ifanc 'up to date'. Ond eto mae sioeau rhywiol y 'Miss Worlds' a fodins mewn bicinis, mae hynna'n hen-ffasiwn, 'old hat', dydi dynion, hyd yn oed, ddim isio gwatshad petha felna mewn cylchgrona y dyddia yma, yn sicir ddim mewn cylchgrawn fel *Golwg*. Ti ddim yn meddwl bo' ti'n mynd i golli mwy o ddarllenwyr?"

"Na, dwi ddim yn meddwl. Mae pobol yn dal efo diddordab. . ."

"Wyt ti'n falch o'i wneud o? Wyt ti'n falch o ddechra'r ffasiwn yna? Achos be' ti'n neud, ti'n rhoi neges i ddynion fod merched ifanc iawn ar gael yn rhywiol iddyn nhw i'w hiwsio. A ti'n rhoi'r neges i ferched ifanc fod yn rhaid iddyn nhw blesio dynion yn rhywiol er mwyn mynd ymlaen."

"Gawn ni ateb, Robin?"

"Wel, dwi'n credu fod yna ychydig bach o paranoia fanna. Fel own i'n deud ar y dechra, mae 'na wahaniath rhwng cael pobol sy'n edrych yn 'glamorous' ag yn edrych yn secsi. Be' sy'n bod efo hynny? Mae Madonna'n ffeminist ond mae hi'n defnyddio'i rhywioldeb. Be' sy'n bod ar hynny?"

"Be' sy'n bod efo puteindra, Robin? Mae lot o betha yn bod ar betha mae dynion yn creu er mwyn plesio eu hunain. 'Da ni byth yn mynd i ennill cyfartaledd yn y byd os ydi ni'n dysgu bod rhaid i ni ddangos ein cyrff fel darn o gnawd."

> *I gofio, nid i ddathlu, y trefnwyd y sioe fawr ar draethau Normandy ddydd Llun, medda nhw, i gofio'r diwrnod pygddu hwnnw hanner-can mlynedd yn ôl pan oedd gwaedd y bechgyn lond y gwynt a'u gwaed yn gymysg efo'r glaw. Ond roedd yr elfen o ddathlu'r fuddugoliaeth yma yn gref hefyd. 'Give thanks for the success,' chwedl caplan llynges, a dyfynnu un duwiolgi. Eto, roedd y sioe yn un syfrdanol o ysgytwol. Rhaglen liwgar y medr cenedl ddiddychymyg y Saeson ragori ar ei threfnu gan wneud i'n sioe fwya ni, Gorsedd y Beirdd, ymddangos yn rhyw chwara plant.*
>
> John Roberts Williams, *Dros fy Sbectol.*

Alan Pickard a *Newyddion Un*. Prynhawn da a chroeso aton ni.

Un stori sy'n hawlio'r sylw heddiw, dydd Mercher yr unfed-ar-ddeg o Awst. Ar ôl chwarter canrif o frwydro, mae'r IRA wedi cynnig cadoediad fydd yn dechrau am hanner-nos heno. Dim rhagor o drais, dyna'r cynnig, a'r posibilrwydd y bydd Sinn Fein yn cael rhan yn y trafodaethau yn y dyfodol. Diwrnod hanesyddol.

Allan Pickard wnaeth gyhoeddi'r newyddion am gadoediad yr IRA.

HWYR NEU HWYRACH?

Fe ddathlodd gwasanaeth *Hwyrach* Radio Cymru ei ben-blwydd yn bump oed. Ond i ba raddau oedd y gwasanaeth yn plesio? Ar beth oedd y genhedlaeth ifanc yn gwrando? Fe holwyd hyn ar *Carreg Ateb*.

Fe aeth Huw Derfel i Ysgol Gyfun Bro Myrddin i gael barn rhai o'r disgyblion chweched dosbarth am arlwy Radio Cymru i'r ifanc.

"Ystrydebau darlledu i bobl ifanc. Cerddoriaeth roc swnllyd. Mwy o gerddoriaeth roc swnllyd, ac mi fyddan nhw'n swnllyd. Mi es i i Ysgol Bro Myrddin a holi pump o bobol ifanc. Ar be' mae nhw'n gwrando?"

"Wel, rwy'n tueddu i wrando ar *Wam! Bam!* bob wythnos. Ac ambell waith, *Heno Bydd yr Adar yn Canu*. Dw'i byth yn gwrando ar *Gill* na *Yn y Cnawd* na ar *Y Lein Hwyr*. Dydd Sadwrn rwy'n gwrando ar *Sioe Siartiau* a ar *Doctor Newyddion* ambell waith."

"Rwy'n gwrando ar *Wam! Bam!* Er nad ydw'i wedi gwrando arno fe ers sbel."

"Wel, sai'n gyfarwydd iawn da'r rhaglenni ond rwy wedi gwrando ar *Wam! Bam!* gwpwl o weithie. A *Doctor Newyddion* hefyd."

"Wel, *Hwyrach* ran fwya. A *Chwaraeon* ambell waith hefyd. Ond sa'i wedi gwrando ar *Hwyrach* ers sbel nawr, chwaith. Rwy'n teimlo ei fod e' wedi mynd braidd yn Seisnigedd."

"Sdim digon o bobol ifanc yn cyflwyno. Os ydyn nhw'n moyn targedu pobol hynach, iawn. Ond sdim byd i oedran plant ysgol."

Gwrandewch chi ar Radio Cymru rhwng deg a deuddeg bob nos ac mi ewch i fyd gwahanol iawn i ***Blas y Bore*** *neu* ***Hywel Gwynfryn****. Ond yr un yw'r iaith. . . Mae angen i* ***Hwyrach*** *hefyd dreiddio i'r prif wasanaeth. Pryd glywsoch chi Gorky's Zygotic Mynci neu Catatonia neu U Thant yn y bore ar Radio Cymru? Mae mwy i fywyd na Plethyn a 'Gwin Beaujolais'. . !*

"Ond fasa Mrs Jones Llanrug ddim yn gwerthfawrogi'r fath synau aflafar. . ."

Mae'n bryd i Mrs Jones ddysgu mwy am ei gwlad—yn ei gyfanrwydd. Mae yna dderyn bach yn dweud wrtha i y bydda hi wrth ei bodd yn cael 'bop' bach wrth olchi'r llestri! Cael ei hynysu mewn 'time-warp o Gymreictod canol oed a chanol-y-ffordd mae Mrs Jones ar hyn o bryd.

Siân Gwenllian, *Golwg* 1af o Ragfyr.

Mae hi'n edrych yn llwm. Y mae nifer o gyfresi newydd wedi cychwyn; yr wyf wedi gwrando ar y ddwy raglen gyntaf ac yna wedi alaru, wedi danto. Wedi rhoi'r gorau i ***Deulu Bach Nantpwdin, Tan Gamp, Os na Ddaw Ddoe yn Ôl, Tonfedd, Y Filltir Sgwâr, Pennsylvania*** *ac ati.*

Paham?

Amrywiaeth o resymau: diflas, gormod o ganu pop gwirion, dim diddordeb.

Mae Radio 4 a Radio 5 yn denu, coeliwch fi.

Diolch am Gwilym Owen, onide?

Hafina Clwyd, *Y Cymro* 26ain Hydref.

DIWEDD Y GÂN . . .

Un o leisiau'r bobol a glywyd yn rheolaidd ar hyd y blynyddoedd fu un Goodman Jones, un o ffyddloniaid *Stondin Sulwyn* ac aml i raglen arall. Ond yr hyn oedd yn ei boeni ar y rhaglen *Carreg Ateb* oedd y symiau mawr o arian y medrid eu hennill ar *Ocsiwnia* drwy lanw geiriau coll mewn brawddeg. Roedd hyn, meddai Goodman, yn anfoesol.

Yn cyfiawnhau'r gwobrau bu cynhyrchydd *Ocsiwnia*, Huw Llywelyn.

"Mae'r sylwadau'n rhai diddorol. Ac ar y pwynt o roi canran o'r arian at elusen dyw e' ddim yn rhywbeth nad ydyn ni wedi bod yn ei wneud yn y gorffennol. Er diwrnod *Plant Mewn Angen* eleni, er enghraifft, mi ydyn ni yn annog pobol i brynu a gwerthu a bod yr arian maen nhw'n wneud yn mynd at yr elusen. Ond, wrth gwrs, eu dewis nhw yw hynna. Allwn ni ddim 'u gorfodi nhw. Yn yr un modd, petai'r pres mawr yn mynd ar ddiwrnod *Plant Mewn Angen*, y mae'n syniad reit neis bod yr arian yna yn mynd at yr elusen honno.

"Mae eisie esbonio yn gynta nad ydi'r pres mawr ddim mor fawr â hynny os ydych chi'n ei dorri fe lawr i sut ydi ni wedi'i dorri fe allan. Amrywiad o'r thema o gystadleuaeth ydi e'. Hynny ydi, yn hytrach na'n bod ni yn rhoi deg-punt-ar-hugain i ffwrdd bob diwrnod, sef chwech cynnig ar y gair, yr hyn ydi ni'n wneud yw dal y pres yna nôl os nad oes neb yn ei gael o. Fe alla rhywun ei gael o bob diwrnod. Ond, fel mae'n digwydd, dydi nhw ddim. Mae'n rhoi dilyniant i'r rhaglen ac mae'n cynyddu'r banc.

"Felly, er enghraifft, cymerwch efo *Bant a'r Cart*, maen nhw'n rhoi rhyw ugain punt a phumpunt o docyn recordiau bob diwrnod. A dyna ni. Dydy o ddim yn ymddangos yn arian mawr. Yn yr un modd mae *Ocsiwnia* yn rhoi deg-punt-ar-hugain y diwrnod. Ond mae'r arian yna yn cynyddu ac yn cynyddu nes ei fod o'n ymddangos yn swm aruthrol o bres. A mae o. Wyth-gan-saithdeg ar y funud. A mi all fynd yn fil o bunnau. Ond, wrth gwrs, amrywiad o'r thema o gystadleuaeth ydi o. A dyna, i raddau, sydd wedi peri bod cymaint o bobol yn ffonio."

Swm bychan oedd mil o bunnau *Ocsiwnia* ochr yn ochr a'r hyn oedd i'w gynnig nos Sadwrn, 19eg o Dachwedd. Dyna pryd y lansiwyd y Loteri Genedlaethol.

Nid am y tro cyntaf, fe gododd yr Aelod Seneddol Rod Richards nyth cacwn i'w ben mewn erthygl yn *Barn*. Fe gafwyd ymateb ar *Drwg yn y Caws*.

Yr ydw i fel Cynghorydd Llafur lleol yn condemnio'n llwyr yr hyn ddwedodd yr hen sinach bach yna, Rod Richards, yn y 'magazine' Cymraeg yna, ***Bwrn****. A dweud y gwir, roedd yr hyn ddwedodd o yn hollol ffiaidd. Dweud fod Cynghorwyr Llafur yn fach, yn simllyd, yn dew ac yn llwgwr. Celwydd llwyr. Rwy'n adnabod o leia ddau sydd dros 'six foot'.*

Rwy'n Weinidog ifanc, ffôl
Yn gweithio'n y 'Welsh Office',
A chododd ffrae fileinig iawn
Ar gownt rhyw griw o ffatis.
Y cwbwl wnes oedd sgwennu pwt
Yn waldio y Blaid Lafur,
A rŵan mae John Redwood yn
Fy nhrin i fel pechadur.

Roedd gan Rod Richards 'Farn' bendant am gynghorwyr Llafur.

1995

LLE BU GARDD . . .

O bump i chwech, storïau i blant. O chwech i hanner-awr-wedi-chwech, seibiant. O hanner-awr-wedi-chwech i ddeng-munud-i-saith, perfformiadau gan y Wireless Orchestra a'r Carlston Quartette.

Dyna oedd y patrwm darlledu yn ôl yn 1923 ar y noson gyntaf o ddarlledu o Gymru.

O ddeng-munud-i-saith tan chwarter-wedi-saith, anerchiad gan John Reith, Rheolwr y cwmni, a William Noble, Arglwydd Faer Caerdydd ynghyd â neges oddi wrth David Lloyd George.

Oedd, roedd pethau wedi newid. A nawr roedd newidiadau mwy—a mwy o newidiadau—wedi dod. Yn eu plith, daeth y gyfres *Garddio* i ben. Er yn gyfres oedd yn trafod problemau'r garddwyr o ddifrif, roedd lle hefyd i dynnu coes. Ac un o'r arch-dynnwyr coes oedd Medwyn Williams.

"Mae malwod i mi yn broblem. Fe ddaeth 'na gyfaill ata' i a dweud fod gynno fo yr ateb i mi. Roedd o wedi gweld rhyw 'advert' yn papur newydd, 'a sure- cure slug destroyer'. A pumpunt oedd o. A dyma fi'n gyrru amdano fo. A mi ddoth y parsel mewn wythnos. A be oedd yn y parsel oedd dau bisin o bren. Roedd 'A' ar un a 'B' ar y llall. A dyma'r cyfarwyddiada'n deud, 'Gosodwch y falwen ar bord 'A' a hitiwch hi'n sydyn a bord 'B'."

Aelod ffyddlon arall oedd Richard Bowering. Pa mor anodd oedd cyfleu gwybodaeth am fyd natur ac am yr ardd mewn cyfrwng fel radio?

"Wel, dydi hi ddim yn hawdd. Y peth pwysig, dwi'n credu, ydi bod y wybodaeth yno, eich bod chi'n gwybod am be' 'da chi'n siarad. A bod 'na frwdfrydedd yno, bod y gwrandäwr yn teimlo ddim yn unig eich bod chi'n gwybod am beth 'da chi'n siarad ond fod yna frwdfrydedd yn dod drosodd hefyd. 'Da chi'n awyddus i ddweud wrth Mrs Huws a Tom Jones yn union sut i ddod dros y broblem yna. Ac os gallwch chi'i gysylltu fo efo'ch profiad chi'ch hun, mae hynny, hwyrach, yn gwthio'r hoelen i'r pared, yn curo'r hoelen i'r pared.

"Mae 'na lythyr yn y fan hyn, rhywun o Lanuwchllyn yn dweud, 'Falch ofnadwy o glywad Bowring'—Bowring fydda nhw'n ddeud bob amsar—'falch ofnadwy clywad Bowring yn son am 'Home Guard', 'letysan 'dw i'n dreio cael pobol i dyfu ffordd hyn.' Rown i wedi bod yn son mod i wedi'i ffeindio hi yn 'letysan dda am bod hi'n 'dysan oedd yn barod mewn wyth wythnos, ac felly ymlaen. Beth ddaru beri iddo fo son amdani eilwaith oedd y ffaith mod i wedi'i thyfu ac yn adrodd fy mhrofiad."

Y gardd-benigwr, Richard Bowering

Arch dynnwr-coes y garddwyr, Medwyn Williams.

Ar y radio, mae **Blas y Bore** *wedi colli ei theitl ac wedi ei haneru. Mae'r cyfraniad o eitemau cyfarwydd a rhai newydd yn ddigon dymunol ond mae'r orig ar gyfer y ffermwyr yn dal i fod yn broblem i mi. Dyw hylifau meheryn a'u 'sperm count' ddim yn gyfeiliant addas i sudd oren a chreision ŷd.*

Philip Wyn Jones, *Golwg* ar 12fed o Hydref.

GWYLLTIO'N GACWN

Pebai hi yn digwydd bod yn Ebrill y 1af, wel y diawl gwirion, jôc mewn tast uffernol o sâl fydda fy ymateb i wedi bod. Ond ow! Mae'n ymddangos mai nid jôc oedd gan Elwyn Jones i son amdano ar ôl iddo ddarllen am y Stondin yn Golwg. Pwy mewn difri yn y BBC sy' ddigon gorffwyll, yn ddigon beiddgar, ddigon o glown i hyd yn oed meddwl am newid ffurf presennol y Stondin?

Rydym bellach yn byw mewn gwlad lle mae twl-als yn meddu ar ryw allu rhyfeddol i gyrraedd y brig mewn sawl maes o fywyd. Y mae'n amlwg i mi fod un o'r prif twl-als wedi llwyddo i'w gael ei hun i uchelfannau y BBC. Gwnewch ffafr fawr â mi—a phawb arall yng Nghymru, Sulwyn—safwch yr ynfytyn yn erbyn unrhyw wal gyfleus a saethwch y diawl. 'Down with Philistines; long live y Stondin. Long live Sulwyn.'

Cofion, Nefyn.

NEWYDD DDAW O RÔD I RÔD

Ym mis Ebrill cyhoeddodd golygydd newydd Radio Cymru, Aled Glynne Davies, newidiadau a oedd i ddigwydd yn yr Hydref. Bu'n trafod y newidiadau arfaethedig hynny gyda Beti George.

"Yn sicr, fe fydd Radio Cymru yn wahanol iawn yn yr Hydref. Fe fydd yna raglenni newydd. Fe fydd yna swn ffresh i'r gwasanaeth. Ac yn sicr fe fyddwn ni yn treio, ar wahanol adegau o'r dydd, apelio at gynulleidfa iau ac at y miloedd ar filoedd o bobol sydd wedi dysgu Cymraeg ac sydd eisiau bod yn rhan o rywbeth. A dwi ddim yn credu ar hyn o bryd eu bod nhw'n teimlo eu bod nhw yn teimlo'n rhan o'r gwasanaeth."

Aled Glynne Davies - ef wnaeth gyhoeddi'r newidiadau mawr.

"Chi'n teimlo hefyd fod yna gynulleidfa wedi cael ei cholli?"

"Rwy'n credu nad oes llawer ohonon ni—ddim yn unig Radio Cymru—nad oes llawer ohonon ni wedi sylweddoli y twf mawr sydd wedi bod ymhlith y Cymry newydd. Rown i'n siarad â rhywun nos Sadwrn oedd yn byw yn Hirwaun ac yn dysgu Cymraeg a roedd e'n dweud bod teimlad cryf yno o bobol oedd isio dysgu Cymraeg, yn danfon eu plant i ysgolion Cymraeg ac yn teimlo y dylsen nhw fod yn rhan o'r gwasanaeth fyddwn ni'n ei gynnig."

"Ydyn nhw ddim yn teimlo'n rhan o'r gwasanaeth ar hyn o bryd, 'di chi ddim yn meddwl?"

"Dydw'i ddim yn teimlo eu bod nhw'n teimlo'n rhan o'r gwasanaeth ar hyn o bryd, nag ydw."

"Ry'ch chi'n galw'r newidiadau yma yn rhai radical. A mae hynny yn wir, felly?"

"Maen nhw yn mynd i fod yn radical. Llawer mwy o raglenni yn mynd i ddod allan o gwmpas pentrefi gan roi cyfle i bobol ddod i gyfarfod Hywel Gwynfryn a Sulwyn Thomas, sef dau o'r cyflwynwyr sydd wedi bod yma ers tipyn. Ond mi fydd natur eu gwaith nhw yn wahanol iawn. Mi fyddan nhw'n cael eu gweld o gwmpas y lle a fe fydd yna bobol yn mynd atyn nhw i siarad. Mi fydd yna leisiau newydd ar yr orsaf a chyda'r nos mi fydd yna le i raglenni ar gyfer pobol ifanc yn arbennig.

"Hynny yw, 'da ni'n ymwybodol iawn, ond ydyn, o'r plant sydd yn mynd i'r ysgolion, yn enwedig yn yr ardaloedd di-Gymraeg, sy'n teimlo nad oes yna ddim byd ar eu cyfer nhw ar ôl iddyn nhw adael ysgol. Dwi'n gobeithio, o leiaf, o'u denu nhw i mewn yn rhan o'r gynulleidfa eang ac y byddan nhw wedyn yn aros efo Radio Cymru ac hefyd efo S4C."

"Fe alla'i ddychmygu rhai o'ch gwrandawyr chi nawr, eich ffyddloniaid chi, sy' ddim yn ifanc yn gwrando arnoch chi yn dweud y pethe yma ac yn poeni rhywfaint."

"Does dim rheswm i boeni, nagoes? Hynny yw, mae'r rhaglenni traddodiadol—mae 'na lawer o raglenni—mae'ch rhaglen chi, *Beti a'i Phobol*, mae *Talwrn y Beirdd*, mae *Caniadaeth y Cysegr*, fe fydd y math yna o raglen yn parhau. Mi fydd dydd Sul yn weddol draddodiadol. Hynny yw, be' dwi'n ddeud ydi fe fydd pobol yn gwybod, ar adeg arbennig o'r dydd, y bydd yna raglen ar eu cyfer nhw. Ac yn sicr, ry'n ni wedi gwneud rhaglenni gwahanol. Dy'n ni wedi gwneud rhaglenni sydd â swn ifanc, fe wna'i rhoid hi felna, yn lle rhaglenni ar gyfer yr ifanc.

"A chi'n gwybod, Beti, fuasech chi'n synnu faint o bobol—os 'di chi eisie'i galw nhw'n hen os ydi nhw dros ddeugain, chwedeg, beth bynnag—mae pobol yn cymryd rhan yn y rhaglenni hynny ac yn mwynhau'r rhaglenni hynny. Wrth siarad efo pobol ar hyd a lled Cymru, wrth sgwrsio efo pobol, rwy'n credu fod pobol bellach yn teimlo eu bod nhw eisie rhywbeth gwahanol."

Os yw Plas y Berllan yn bresennol, rwy yn galw arno i sefyll ar ei draed pan genir y Corn Gwlad. . . Plas y Berllan. . .

Y bardd buddugol yw Aled Gwyn. Ga'i nawr egluro i'r rhai hynny ohonoch chi sy' heb fod yn gwybod hynny, er gwaetha'r gwahaniaeth maint sy'rhyngddo ni, ry'n ni'n ddau frawd. . .

Pan glyw y Corn Gwlad, a wnaiff Porthor sefyll. . . Porthor. . .

Bardd buddugol y gystadleuaeth yw Tudur Dylan Jones. Mae'n debyg yn awr 'mod i fod ddweud rhyw fanylion am ei gefndir e'. Ond rwy yn un sy' braidd yn fyr fy nghof, fel 'di chi'n gwybod. Dw'i ddim yn cofio ar y foment pryd gadd e'i eni. Ond rown i yno.

Yr Archdderwydd John Gwilym Jones yn Coroni ei frawd
ac yn Cadeirio ei fab.

Dwi'n meddwl, os 'di chi'n darllen 'y ngholofn i yn Y Cymro, dwi'n canmol mwy nag ydwi'n gondemnio. Mae 'na ambell i beth dwi'n meddwl sydd yn ddigon da. A mi fyswn i'n falch iawn o wybod faint o bobol ifanc sy'n gwrando ar raglenni'r hwyr. Mae hwnna yn un peth nad ydw i yn gwrando arno. Nid ar fy nghyfer i maen nhw. Ond dw'i ddim yn gwybod os ydyn ni yn gwastraffu oriau prin ar y tonfeddi ar gyfer y bobol ifanc a dw'i ddim yn clywed un ohonyn nhw yn cyfadde eu bod nhw'n gwrando ar raglen radio yn yr hwyr.

Dwn i ddim a oes ffigurau i'w cael ai peidio. Ond dyna'r profiad 'dw i'n gael wrth sgwrsio a pherthnasau ifanc, nad ydyn nhw ddim yn gwrando arnyn nhw. A recordiau Saesneg sy'n mynd â'u bryd nhw yn aml iawn. Ond ry'ch chi'n gofyn i'r un anghywir wrth son am roc a phop. Fe stopies i ar ôl y Beatles, chi'n gweld. Ond ar y cyfan, rwy'n teimlo ein bod ni'n cael gwasanaeth da iawn gan Radio Cymru.

Hafina Clwyd ar Stondin Sulwyn o'r Brifwyl.

Gari Owen a Wil Morgan. Kevin a Nia. Hywel Gwynfryn. Alun Thomas. Eifion Jones. Roedd hi'n Hydref 2il ac roedd y drefn newydd yn cychwyn.

Y mwyaf dadleuol o holl gyflwynwyr y drefn newydd oedd Eifion Jones, neu Jonsi, cyn-droellwr recordiau parablus, ac fel arbenigwr ar recordiau ag artistiaid yn ail i neb.

"Y gân gyntaf oedd Mojo, 'Fy Nghalon i sy'n Curo'. A dwi'n cofio meddwl, 'O, fyswn i ddim wedi medru pigo cân well.' Does 'na ddim byd gwaeth na mynd i orsaf radio newydd sbon, eistedd yno a gwybod nad oes yna neb yn gwybod pwy wyt ti ac agor y meicroffon. Mae hi'n cymryd mis, dwi'n meddwl, i bobol ddod i nabod y person y tu ôl i'r meicroffon. A mae hi'n cymryd mis i'r person y tu ôl i'r meicroffon ddod i nabod y gynulleidfa, os ca'i eu galw nhw yn hynny.

"Yndw, rwy'n cofio'r rhaglen gyntaf yna. Ac wrth gwrs, ista yna a meddwl, 'O, be' mae pobol yn meddwl ydan ni'n ei neud? Ydi pobol yn licio?' Jyst poeni. A mae rhywun yn poeni pan mae rhywun yn symud, wrth gwrs, ac yn dechra ar rwbath newydd. Ond dyna oedd y gân gynta. Mojo a 'Fy Nghalon i sy'n Curo'. A mi odd hi yn curo.

"Own i wedi gweithio fel Adrian Jones. Y rheswm ddaeth hynny o gwmpas oedd, fues i'n gweithio fel Eifion Jones ond mi oedd 'na rhyw broblem *Equity,* a'r ffaith 'mod i'n gweithio yn Lloegr hefyd. Dyna'r rheswm arall am yr Adrian Jones. Yn Lloegr, wrth gwrs, mae 'na gymaint o bobol sy' wedi newid eu henw, dyw pobol ddim yn meddwl amdano fo fel maen nhw yng Nghymru.

"Mi own i'n poeni, i fod yn onast. Mi ow'n i'n poeni fedrwn i gael cynulleidfa newydd, y gynulleidfa 'da ni isio. Os fysa ni ddim yn medru dod â nhw ar draws, ynte, be fysa'n digwydd wedyn? A own i'n poeni hefyd, oedd yr amsar, oedd y penaethiaid yn mynd i roid yr amsar i ni, felly? Ond mi wnaethon. Mi wnaeth hi gymryd blwyddyn i flwyddyn a hanner i setlo fel rhaglan. Mae'n rhaid i mi fod yn onast am hynny. A dwi'n meddwl ein bod ni wedi setlo a bod y rhaglan wedi mynd o nerth i nerth. Dwi'n meddwl bod yr ymateb 'da ni'n gael i'r orsaf yn gyffredinol, ddim jyst i'n rhaglan i, ynte, yn dangos ein bod ni wedi mynd o nerth i nerth ers y dyddia cynnar hynna, felly.

"Own i wedi gweld beirniadaeth yn dod. Ond cadw mhen i lawr, fel mae nhw'n deud, dwi'n meddwl oedd y peth gora. Dyna'r unig ffordd. A mi own i'n hollol onast—rwy wedi treio bod yn onast ers y cychwyn. Fe ddwedes i ar y cychwyn, falla bod rhai pobol wedi anghofio hynny, mi gymith hi fis i mi 'mond setlo'i fewn. Mi gymith hi flwyddyn i 'Nghymraeg i wella. Er 'mod i'n siarad Cymraeg, Cymraeg y stryd oedd o. Ag oedd o wedi rhydu am 'mod i ddim wedi'i ddefnyddio fo am flynyddoedd. Dyna'r unig beth oedd yn fy ngwylltio i oedd

Jonsi, llais newydd a dadleuol Radio Cymru.

hynny, 'mod i wedi deud hynny a bob pobol yn anghofio hynny. Oedd o'n brifo nheulu fi yn fwy nag oedd o'n fy mrifo i. Am nad oeddan nhw ddim yn dallt. Da'n ni'n gwybod ein bob ni yn y ffenast a bob pobol yn mynd i luchio petha aton ni. Ond dydi nheulu fi ddim. Maen nhw'n ei weld o'n fwy personol."

Fyddwch chi'n gwrando ar Radio Cymru?

Mae gynno ni'n radio'n hunan, a dyna fyddwn ni'n wrando ddydd a nos. Ar Dafydd Iwan neu rwbath felna. A fyddwn ni'n clapio ac yn 'Hwre!' felly. Fyddai'n gwrando ar *Ocsiwnia* yn boreua. Bydd Mam yn gwrando ar hwnnw a fyddai'n gwybod bod hi'n gwrando arno fo. A fyddwn ni'n gwrando ar Dai Jones ar ddydd Sul.

Carcharor yn Walton yn sgwrsio ag Alun Rhys.

1996

BLWYDDYN SOBOR?

"Gwedwch 'tho i, ôs 'na far alcoholic wedi gwella rhywbeth yn rhywle? Dôs na ddim, Sulwyn. Pan fydd bar alcoholic yn dod, gwaethygu mae popeth yn mynd i neud. Dyw e' ddim yn iawn, Sulwyn."

Sali Williams, un o blith nifer a fu'n cwyno ar y *Stondin* am stori mewn cylchgrawn am y bwriad i agor bar swyddogol yn y Brifwyl yn Y Bala. Fe fu hi'n sgwrs fywiog.

"Ond 'ych chi'n gweld, Sali, maen nhw wedi dweud wrthon ni yn y rhifyn cynta, ma' alcohol bron a bod yn hanfodol er llwyddiant ambell i gig, ac yn y blaen."

"Gigs? Gigs? Gwrandwch, Sulwyn, flynyddodd nôl own i'n mynd i'r Steddfode, odd dim sôn am eu gigs nhw. Odd y 'youngsters' ifenc yn dod. Odd Tywi Jones yn cwrdd ar y sgwâr yn y dre ble odd yr Eisteddfod a châl hwyl bendigedig. Odd ieuenctid ym mysg rheiny bryd hynny. Wel, mae'n amlwg bod yr ieuenctid yn mynd yn dwpach, ond yw e'? A mae'n amlwg ma' alcohol sy'n eu hachosi nhw."

"Wel, mae'r oes wedi newid, Sali."

"Er gwath. Gwaetha'r modd, er gwath. Ac os ma' ar gownt alcohol ma' nhw'n mynd i'r Steddfod Genedlaethol, ma'n well bod nhw'n aros gatre."

Mae arbenigwyr llygredd yn asesu'r difrod gafodd ei achosi ar ôl i dancer olew daro yn erbyn creigiau ger St Anne's Head yn Aberdaugleddau. Mae dros chwe mil o dunelli o olew crai wedi llifo i'r môr o long y Sea Empress. Cafodd stad o argyfwng ei chyhoeddi gan swyddogion porthladd Aberdaugleddau ac mae llongau yn cael rhybudd i osgoi'r ardal. Bu Hefin Wyn yno.

Am ddeng munud wedi wyth neithiwr y derbyniodd awdurdod porthladd Aberdaugleddau alwad gan gapten tancer olew yn dweud ei fod mewn trafferthion oddi ar benrhyn y Santes Anne ger y fynedfa i ddyfrffyrdd y Cleddau. Yn union fel ddigwyddodd bron bedwar mis yn ôl, yn yr union fan gyda'r tancer Borgio o Norwy, deallir mai nam ar yr offer llywio cyfrifiadurol oedd wedi gyrru'r Sea Empress yn erbyn creigiau.

Ellis Roberts/ Hefin Wyn ar *Y Newyddion.*

Hefin Wyn fu'n adrodd am drychineb ar arfordir Sir Benfro.

CURO AR DDRWS Y NEF

Yn Dunblane y bore yma mae 'na ragor o fanylion yn dod i'r amlwg am Thomas Hamilton, yr hen lanc 43 oed a saethodd un-ar-bymtheg o blant bach a'u hathrawes yn gelain yn yr ysgol gynradd bore ddoe. Mae'n gohebydd ni, Dylan Jones, yn ardal Dunblane ac mae o ar y ffôn rŵan. Bore da, Dylan.

"Bore da, Wil."

Mae'n ymddangos fod Thomas Hamilton wedi cael ei ystyried gan lawer iawn o bobol lleol yn Dunblane fel rhywun oedd yn beryglus i blant.

"Oedd, yn sicr. Mae'r manylion, fel oeddach chi'n deud, yn dechra datblygu am y dyn oedd ychydig yn wahanol, yn ôl yr hyn 'da ni wedi'i glywad, ychydig yn egsentric. Yr hyn a wyddon ni yw ei fod o'n bedwardeg a thair, yn byw yn Stirling, yn ddi-waith, ac yn ddyn oedd ddim yn cymysgu efo pobol eraill. A'i fod o wedi cael ei wahardd rhag bod yn arweinydd mudiad y Sgowts rai blynyddoedd yn ôl. Mi oedd o wedi sefydlu rhyw glwb bechgyn ei hun wedyn. Ond wnaeth hwnnw ddim para yn hir iawn. Mi adawodd o fudiad y Sgowts dan gwmwl, yn ôl yr hyn 'da ni'n ddeall, yn dilyn yr hyn sy'n cael ei ddisgrifio fel ymddygiad anaddas. Mi oedd ganddo fo obsesiwn, medda nhw, am dynnu lluniau bechgyn gyda'i gamera. Ac obsesiwn hefyd am ynnau. Mi oedd ganddo fo dystysgrif gwn a mi oedd o'n aelod o glwb gynnau."

"A mi fydd yna gwestiynau yn cael eu holi ynglŷn â'r ddeddf honno y dyddiau yma. Ac yn ôl yr hyn sy'n cael ei ddeud yma yn yr ardal, mi oedd yr heddlu wedi bod yn cadw golwg arno fo ers peth amser yn dilyn nifer o gwynion gan rieni. Ond doedd dim posib i'r heddlu ei arestio gan nad oedd Hamilton wedi gwneud unrhyw beth o'i le. A'r cwestiwn mawr, wrth gwrs, sydd ddim wedi cael ei ateb hyd yma yw beth wnaeth ysgogi y dyn yma i fynd i'r ysgol bore ddoe a'i gymell o i wneud yr hyn wnaeth o."

Wil Morgan yn holi Dylan Jones.

Take this gun off of me,
I can't use it anymore,
It's gettin' dark, too dark to see,
It seems I'm knockin' on Heaven's door. . .

(Cân Bob Dylan a addaswyd i fod yn anthem i laddedigion Dunblane.)

STONDIN MWY

Roedd Rheolwr Radio Cymru, Geraint Talfan Davies wedi'i blesio'n fawr gan yr ymateb i'r newidiadau yn yr amserlen. Ac fe gyhoeddodd y byddai mwy o ailwampio.

"Fe newidion ni nifer o bethe Hydre diwetha. A 'dw i'n ei ffeindio hi'n galonogol iawn fod y ffigurau cyntaf rhyw chwe mis ar ôl y gwasanaeth newydd yn iach iawn. 'Dy'n ni'n gweld llawer iawn mwy o bobol yn yr oedrannau canol, rhwng rhyw 30 a 50 oed, yn gwrando ar Radio Cymru. Rwy'n credu ei bod hi'n bwysig i ddyfodol Radio Cymru, ac i ddyfodol yr iaith."

Sulwyn yn sgwrsio a Thelma Jones wrth i'r *Stondin* ehangu.

Mwy o Stondina, meddai Geraint Talfan Davies.

Bu'r newidiadau yn destun sylw yn y bwletinau newyddion.

"Cyhoeddodd Radio Cymru ail gam o newidiadau'r orsaf yn dilyn yr ail-lawnsio y llynedd. Law yn llaw gyda lawnsio bwletinau newyddion lleol ym mis Mai, fe fydd rhaglenni lleol deg munud yn cael eu darlledu ymhob un o'r ardaloedd. Yn ogystal, fe fydd Adran Newyddion Radio Cymru yn gyfrifol am ***Stondin Sulwyn*** *a fydd, o ddechrau Ebrill, yn rhaglen drichwarter-awr am hanner-awr-wedi-hanner-dydd. Garffild Lloyd Lewis, Golygydd Newyddion Radio Cymru fu'n rhoi ei ymateb."*

"Newyddion da iawn. Mae *Stondin Sulwyn* ran yn dod yn rhan o'r Adran Newyddion ac mae hi'n bleser medru croesawu newyddiadurwr mor brofiadol â chyflwynydd mor brofiadol â Sulwyn. Fe fydd y rhaglen yn dechra am hannar-awr-wedi-hannar, yn para tan tua chwartar-wedi-un, yn cynnwys elfen o newyddion am un o'r gloch ac fe fydd hi'n fforwm, gobeithio, i drafodaeth gyhoeddus ar straeon lleol a chenedlaethol yng Nghymru. Felly, ydi, mae o'n newyddion da iawn."

GWEWYR Y CEFN GWLAD

Mae'r Llywodraeth wedi penderfynu na ddylid difa yr un fuwch achos ofnau am glefyd y Gwartheg Gwallgof. Ac mae'r peryglon o ddal clefyd Croetzfelt Jacob trwy fwyta cig eidion yn eithriadol fychan, meddan nhw. Mewn datganiad Seneddol mi fynnodd yr Ysgrifennydd Iechyd nad ydi'r peryglon i blant na gwragedd beichiog ddim yn waeth nag i unrhyw un arall. Fydd yna ddim gwaharddiad ar gig yn ein hysgolion ni. Ar y marchnadoedd ac ymhlith y cyhoedd, serch hynny, mae 'na argyfwng difrifol. Ac mae'r gwrthbleidiau'n dweud fod y Llywodraeth wedi bod yn anobeithiol yn ei hymateb.

Bore da a chroeso i'r ***Byd Amaeth****. A go brin fod yna wythnos o fewn cof sydd wedi bod mor ysgytwol i gefn gwlad Cymru. Ynghanol y dadlau a'r croesdynnu mae bywoliaeth yn y fantol a'r ffermwyr drwyddi draw yn dioddef cam oherwydd sefyllfa ac amgylchiadau tu hwnt i'w gafael. Fu ffydd y cyhoedd erioed cyn ised â'r martiau gweigion yn ein hatgoffa'n ddyddiol fod yna dalcen caled iawn yn wynebu'r fasnach gig am yr wythnosau—os nad y misoedd—nesaf yma.*

Gareth Glyn, *Y Post Prynhawn* a Gerallt Pennant, *Byd Amaeth.*

HOGYN Y RAM A'R JAM

Ar fore Sadwrn, fel ymgais ychwanegol i ddenu pobl ifainc, fe lansiwyd y gyfres *Ram Jam*. Ac fe wahoddwyd Dafydd Du i fod yn gyflwynydd, gwaith nad oedd yn gwbl ddieithr iddo.

"Ar ddechra'r flwyddyn rown i wedi bod yn ddigon ffodus i etifeddu rhaglen oedd ar nos Iau yn barod, rhaglen o'r enw *Wam! Bam!*, rhaglen geisiadau. Fe ofynnodd Mr C, y cynhyrchydd i mi gyflwyno. 'Digon teg,' medda fi, 'cyn belled â bod ti'n newid yr enw gwirion yna.' A dyma fo'n deud, 'Iawn'. A fe newidiodd o'r enw i *Ram Jam*.

"Rown i'n teimlo ei bod hi'n bwysig iawn, iawn ar y dechra ein bod ni'n creu rhyw fath o ddelwedd i'r rhaglen. Cyn *Ram Jam* fe wnaethon ni greu rhyw fath o 'super-hero' os leiciwch chi, allan o Dafydd Du. Mi oedd o'n rhyw fath o male model ar ei bosteri gyda'i grys ar agor. Mi oedd ei fam o, Beti Ddu yn ffonio'r rhaglen fel cymeriad. Mi oedd Jâms Bond yn ffonio'r rhaglen. Ac wrth gwrs, mi oedd o'n seren y byd pop hefyd. Mi oedd o'n mynd i mewn i stiwdio recordio ac yn recordio caneuon."

Roedd chwaraeon hefyd yn chwarae rhan bwysig ym mywyd Dafydd Du.

"Mi oedd hwn jyst yn ddatblygiad pellach o'r ddelwedd yma felly. A mi oeddan ni'n ddigon ffodus i ennill gwobrau am greu'r stings yma ar y rhaglen lle mae'r personoliaethau sy'n darlledu ar Radio Cymru ym myd chwaraeon yn siarad am Dafydd Du yn sgorio ceisiau dros Gymru, yn curo'r bocsiwr Naseem Hamed, ac hefyd mi oedd o, wrth gwrs, yn chwara pêl-droed dros ei wlad ac yn ddigon lwcus i gael pas gan Ryan Giggs a sgorio gôl dros ei wlad."

Tair i ddwy ar giciau o'r smotyn i Lansantffraid. Mae 'na bwysau aruthrol ar David Withers, eilydd y Bari. Mae'n rhaid iddo fo sgorio i gadw gobeithion ei dîm o i godi'r cwpan. Os fydd o'n methu hon, yna Llansantffraid fydd yn ennill Cwpan Cymru. Mae hi wedi'i harbed gan Andy Mulliner! Mae chwaraewyr Llansantffraid yn rhuthro draw at y golwr! Andy Mulliner! David Withers, druan, yn hollol ddigalon yn y cwrt cosbi. Mae Llansantffraid wedi ennill Cwpan Cymru ar giciau o'r smotyn o dair i ddwy.

Sylwebaeth Gareth Blainey.

Hogyn y Ram a'r Jam, Dafydd Du.

STOROM AWST

"Does dim angen y Saesneg o gwbwl ar y gwasanaeth. Dyna'r gwir amdani, Sulwyn. Mae Radio Cymru wedi gosod y cynsail yma bod e'n iawn i'r Saesneg fod yna. Does dim angen i'r Saesneg fod yna. 'Dyn ni'n gallu cynnal ein hunain yn iawn, diolch yn fawr. Mae 'na ddigon o Saesneg ar bob un o'r gorsafoedd eraill. Os na allith Radio Cymru weld yn glir i ddyrchafu'r Gymraeg, wel mae hi ar ben arnon ni, mae arna'i ofn."

Geiriau Caryl Parry Jones ar *Y Stondin*. Ac un arall a gyfrannodd oedd yr Archdderwydd ei hun, Dafydd Rowlands wrth ymateb i benderfyniad y band Gorky's Zygotic Mynci i ganu'n Saesneg yn y Brifwyl.

"Dw'i ddim yn siŵr fy mod i'n eu hamddiffyn nhw. Yn eu cefnogi nhw, yn sicir. Dw'i ddim yn meddwl fod ise'u hamddiffyn nhw. Wna'i ddim dweud 'mod i'n teimlo'n gryf ynglŷn â'r peth. Cael 'yn siomi ydw i mewn llawer cyfeiriad. Cael 'yn siomi yn y bobol hynny ymhlith y Cymry Cymraeg sy'n dweud na ddylai rhywun ganu yn Saesneg. Wi'n meddwl fod ganddyn nhw berffaith hawl i ganu ym mha iaith bynnag mae nhw'n ei dewis. Na, dw'i ddim yn credu bod ise'u hamddiffyn nhw. Wi'n credu bod e'n hollol amlwg bod gan unrhyw fath o artist, lle bynnag mae e'n perfformio, yr hawl i ganu—os mai canwr yw e'—yn yr iaith mae e'n dewis canu ynddi hi."

Fel rhan o ymgyrch ar ran y rheiny oedd yn gwrthwynebu polisi ieithyddol Radio Cymru fe aeth y beirdd ar streic. Ac eto fyth ar *Y Stondin* fe aeth Myrddin ap Dafydd ati i gyhoeddi bwriad y beirdd mewn mydr ac odl.

A rŵan yn cerdded at y meic
Does 'na neb. Mae'r beirdd ar streic.
Yr anniddigrwydd sydd ar gynnydd
Ac ni cheir ganddynt na limric na chywydd.
'Dim ond jôc oedd *Lol'*, medda Aled Glyn,
'Bydd cyfres newydd o'r *Talwrn* ar hyn'.
Ta waeth be' ddywed y siwtiau heirdd,
Fydd 'na ddim *Talwrn* os na fydd 'na feirdd.
Mi ddaliwn, wrth reswm, i ymrysona
Heb y cyfrynga a'u meicroffona.
Ond pan ddêl Medi gyda'i delyneg,
Ni recordir y *Talwrn* ar yr ail-ar-bymtheg;
Ac ar ôl i'r beirdd gynnal eu Steddfod
Bydd cynhadledd i'r wasg mewn pedwar diwrnod.

Fe ddaeth ymateb parod oddi wrth Radio Cymru—a hwnnw hefyd ar ffurf cerdd.

Y mae'n argyfwng, ni fu'r fath streic,
Ni ddaw'r un bardd yn agos at feic.
Beth wnaiff y genedl heb yr hen drawiade,
Heb yr englynion, heb y limrige?
Beth ddaw o Gerallt Lloyd Owen a Dic?
A lawr aiff y gwariant ar feiros Bic.
Apêl y Gorfforaeth yw i'r beirdd fod yn barod
I gyflwyno'u cwynion a dechre trafod.
Cewch sgorio'ch pwyntie ac fe gaiff Maud sgorio
Er mwyn achub y *Talwrn*, Cymru a'i radio.

Cystadlu a naws dipyn yn llai rhyngwladol (na Llangollen) sydd ar y gyfres **Talwrn y Beirdd**: beirdd Ceredigion a Chlwyd yn herio'i gilydd am le yn y ffeinal fawr. Wel, roeddwn i wedi clywed mai barddoniaeth yw'r *rock 'n roll* newydd yng Nghymru ond os yw hynny'n wir, doedd hi ddim yn amlwg o'r rhaglen hon. Roedd pawb yn edrych mor ddiflas! Efallai fod hynny'n wir am bob *Talwrn* ond gogoniant y radio, wrth gwrs, yw nad ydyn ni'n gweld hynny.

Kate Crockett, *Golwg* 18fed o Orffennaf.

JOHN AR EI FILFED

Pe basa gan y sgyrsia 'ma dafod mi fasa nhw'n bownd o ddeud wrthoch chi heddiw mai dyma'r filfed sgwrs di-dor, arwahan i un wythnos oherwydd y Nadolig, er nos Wener gynta 1977. Gan nad oes ganddyn nhw dafod, gobeithio y maddeuwch chi i mi, am heddiw, am adrodd eu hanes a diolch i chi am y gwrando.

Y flwyddyn wedi'r Ha' crasboeth hwnnw oedd hi a finna newydd feddwl mod i wedi riteirio pan ofynnodd Meirion Edwards i mi a faswn i'n rhoi sgwrs radio fer wythnosol i drafod materion cyfoes yn fy ffordd fy hun. 'Am ba hyd?', mi holais. 'Am byth', medda fo. Ond na phoenwch. Ddaw hi ddim i hynny.

Ac edrych yn ôl heibio i bedwar-ugain pwdin Dolig, pedair wyres fach, a thros ugain mlynedd chwyldroadol i bawb, mi gefais brofiad o ddeunaw mlynedd o Dorïaeth, o ddiwygiad electronic, o ddau ryfel, o ddad-genedlaetholi, o ddegymol drefn, o ddinasyddiaeth Ewropeaidd, o ddadfeilio'r Wladwriaeth Les, o danseilio'r ysgolion, o ddatgymalu'r ysbytai, o ddiffeithio cefn gwlad, o ddilyw o fewnlifiad, o ddymchwel yr eglwysi, o ddyrchafu'r tafarndai, o ddychweliad y bomiau Gwyddelig, o Ddeddf Iaith, o ddefnyddio geiriau fel 'dominyddu', o ddatblygu ysgolion Cymraeg a phapurau bro, o Ddatganoli ar y gorwel, a chip ar yr hanes o'i chadw yn y sgyrsia i rywrai a ddaw.

Ac os holwch be wnes i yn y chwyldro, fe ro'i ateb hen abad yn Ffrainc pan holwyd hwnnw beth wnaeth o yn y Chwyldro Mawr ac a orfodwyd i ateb—goroesi.

Ond pan fydda i'n mynd fe fydd yna bennod o hanes yr hen Gymru Gymraeg yn mynd efo mi, na chlywodd Saesneg ac na welodd Sais yn nyddia ei blentyndod gwladaidd yn Eifionydd.

John Roberts Williams ar *Dros fy Sbectol.*

1997

Y POST NEWYDD

"Mae'n anodd meddwl mod i wedi bod yma bron i ugain mlynedd a bod neb wedi rhoi cic i mi. Ond 'dwi ddim yn gwybod beth sydd yn mynd i ddatblygu. Mae technoleg yn newid mor sydyn, mae gymaint o bethe newydd yn mynd i fod yn bosibl."

Gareth Glyn yn cofnodi newidiadau i'r *Post Prynhawn* wrth i stiwdios newydd agor ym Mrynmeirion—stiwdios newydd a thechnoleg newydd.

"Mi fydd y dechnoleg sydd yno'n disgwyl amdanon ni yn gwneud i'r offer sydd o'ch blaen chi fan hyn i edrych 'run fath ag amgueddfa. Ac mi fydd y cyflymder y medrwn ni symud o le i le i gael ymateb, cael sgriptiau i fyny—fe fydd o'n gwneud y rhaglen, hwyrach, hyd yn oed yn gynt. Nid yn y ffordd 'dw i'n cyflwyno. Fyse pobol yn cael braw tasa nhw'n meddwl 'mod i'n mynd i siarad yn gynt. Fe fydd y rhaglen yn medru digwydd yn syth. Fel mae rhywbeth yn digwydd fe fydd y rhaglen yn medru ymdrin â hynny. A falla—dydw'i ddim yn rhyw ysgolhaig mawr yn nhermau technoleg—ond mae'n eitha posib y bydd yna lai o swn pobol yn siarad ar y ffôn a'r teip yna o beth. A mi fydd hi, hwyrach, yn haws gwrando arni.

"Ond os ydyn ni wedi newid dros yr ugain mlynedd, dwi'n gobeithio mai newid er gwell ydi hynny ac y bydd y newydd, os yn bosibl, yn parhau i'r un cyfeiriad.

NEWID PWYSLAIS

Un arall fu'n cofnodi'r newidiadau a ddaeth i ran Radio Cymru oedd Geraint Ellis.

"Yr un datblygiad amlwg yw bod yr oriau wedi cael eu hymestyn. Nôl yn '77 rwy'n cofio mai rhywbeth fel 25 awr. Rŵan mae o'n 126, a hynny heb gyfri'r rhaglenni i ysgolion sydd ymlaen tua un o'r gloch y bore, felly. Mae 'na gynnydd pendant wedi bod ar Radio Cymru rŵan yn darlledu o chwech o'r gloch y bore tan hanner-nos drwy'r wythnos. Tan yn ddiweddar doeddan nhw ddim yn ei wneud o ar ddydd Sadwrn. Ond mae hynny'n digwydd rŵan. Mae hyn wedi bod yn gynnydd graddol, mewn ffordd, ar hyd y blynyddoedd."

Ond beth am ymateb y gwrandawyr?

"Mae'n anodd iawn gwneud hyn heb edrych ar y ffigurau gwrando yn fanwl iawn ag edrych ar batrymau gwrando. Mae pobl yn son am y cyrhaeddiad, hynny yw, nifer y bobl sy'n gwrando am o leiaf bum munud mewn wythnos neu mewn diwrnod. Ond fyswn i'n tybio efalla, wedi newidiada '95 fod pobl yn dal i wrando ond sydd ddim yn gwrando gymaint ag oeddan nhw cynt. Ond mae 'na lot o wrandawyr newydd.

"Ond rhywbeth pendant sydd wedi digwydd os yw rhywun yn edrych ar natur y rhaglenni yw fod yna boblogeiddio wedi bod yn yr ystyr ar y dechra, 'dwi ddim yn meddwl ei fod o'n deg i ddeud fod Radio Cymru fel Radio 4—mae hynna'n simplistaidd iawn—ond mae yna elfennau oedd yn perthyn i Radio 1, 2, 3 a 4, elfennau radio lleol, mewn ffordd. Ac yn ddiweddar, be' sy' wedi digwydd ydi mae elfennau radio lleol, Radio 1, Radio 2 wedi dod yn fwy amlwg.

"Tasa rhywun yn edrych ar raglenni heddiw, dwy elfen sy'n gry iawn ydi rhaglenni cerddorol fel Eifion Jones, er enghraifft, a rhaglenni gyda'r nos a rhaglenni materion cyfoes. Mae hynna yn rhywbeth sy' wedi tyfu. Mae o'n simplistaidd i ddweud mai jyst poblogeiddio, gostwng safonau ydi o, felly. Ond dwi'n meddwl mai rhywbeth sydd wedi dioddef yn bendant yw rhaglenni nodwedd. Dwi'n meddwl bod yna nifer o raglenni yn y gorffennol oedd yn gyfresi neu'n rhaglenni unigol oedd yn son am bynciau gwahanol, natur, daearyddiaeth, chwaraeon, gwyddoniaeth—mae 'na lai o'r rheiny rŵan. Mae llawer o'r rheina wedi cael eu hymgorffori mewn rhaglenni fel *Hywel Gwynfryn*. Mae 'na lot o bobl sy'n colli'r hen raglenni yna.

"Ac mewn ffordd, beth mae Radio Cymru wedi'i wneud yw newid o fod yn enghraifft o 'sequence programming', darlledu mewn cyfres. Hynny ydi, bod gynnoch chi lot o raglenni yn cael eu recordio efo cyflwynydd neu gyhoeddwr rhyngddyn nhw yn cyflwyno'r rhaglenni, fel sy' gynnoch chi ar Radio 4 yn cael ei alw'n 'strip' neu 'flow programming', hynny ydi, darlledu mewn llif, darlledu mewn stribedi lle mae gynnoch chi lot o raglenni hirach sydd fel arfer yn fyw efo personoliaeth y cyflwynydd yn bwysicach. A rŵan 'chydig iawn o'r Adran Gyflwyno 'da ni'n clywad, pobl yn siarad rhwng rhaglenni ac yn deud, 'y cynhyrchydd oedd hwn neu hon, a'r wythnos nesa. . . '. Dwi'n meddwl fod hynna wedi bod yn newid pendant ac yn enghraifft dda iawn o'r poblogeiddio yma. Ond cymysgedd oedd ar Radio Cymru ar y dechre. Cymysgedd sydd yna rŵan. Ond mae yna newid pendant yn y pwyslais wedi bod."

DOD AT EU COED

Os bu dadl iaith yn poethi'r gwifrau, felly hefyd y ddadl am ddarpariaeth addas i'r ifanc. Un oedd yn cynnig barn bendant oedd y bytholwyrdd a'r pen pwndit, y Dr John Davies.

"Dwi yn teimlo ambell waith fod yr ysfa yma i ddenu pobol ifenc i wrando ar yr elfenne mwy swmpus ar y radio, a hynny trwy eu gwneud nhw'n llai swmpus yn ddadl od iawn. Yn 'y marn i, gan fod pobol ifenc erbyn hyn, oddi ar eu bod nhw'n cropian, wedi cael eu dallu gan yr elfenne gweledol, y teledu, ei bod hi'n cymryd amser iddyn nhw i feithrin y gallu i werthfawrogi y radio.

"'Dych chi ddim, mewn gwirionedd, fel o'ch chi yn y pedwardege pan o'ch chi'n gwrando ar y radio drwy'r dydd, a gwrando ar bob math o raglenni swmpus. Dyw hynna ddim bellach yn wir. A dwi'n credu y tyfith pobol mewn i'r radio wrth eu bod nhw'n heneiddio.

"Dwi'n dal i son am yr hen fenywod mewn du. Pan aeth Beatrice Webb i Rwsia yn 1925 dyma hi'n dweud, 'Yr unig rai sy'n mynd i'r eglwysi yw hen wragedd mewn du'. Pan ma' Lawrens van der Post yn mynd yno yn 1955 mae e'n dweud mai'r unig bobol sy'n mynd i'r eglwys yw hen wragedd mewn du. Odd adroddiad ar yr Eglwys Uniongred ar *Newsweek* yn 1985 yn dweud, 'Yr unig rai sy'n mynd i'r eglwys yw hen wragedd mewn du'. Wel, y peth sy'n amlwg fanna yw mai nid yr un hen wragedd own nhw. Hynny yw, yr oedd yr eglwys yn ricriwtio hen wragedd ymhob cenhedleth. A rwy'n credu y gallwn ni addasu ar y ddameg yna, fel petai, fel bydd pobol yn tyfu i mewn i radio a sdim isie i chi ofidio'n ormodol bod pobol ifenc ddim yn gwrando ar radio swmpus. Fe ddo'n nhw at eu coed yn y pen draw. Dyw pobol ifenc ddim mor ddwl ag y maen nhw'n ymddangos ar y funud."

LLEISIAU NEWYDD

Odi, glei, mae'n bryd i ni ofyn y cwestiwn—ble ma'r ciosg? Tybed oes rhywyn wedi dod o hyd i'n ciosg ni? Cofiwch y gair cudd—Radio.

Llais newydd, Geraint Lloyd bob nos am saith. Ac am wyth, Chris Needs.

Wel, ma' rhwbeth neis fan hyn. Dishgled fach. Gwd boi, 'ti wedi'n safio i. Gâi'i tea-bag wsnos nesa. Diolch yn fawr. Shwd i chi, na? Dyn cyfoethog sy' 'ma, Chris Needs.

"Ble mae'r ciosg?" - un o gwestiynau cyson Geraint Lloyd.

Wel, mae nghalon i'n drist iawn ac wedi torri gan ofni y bydd y Deyrnas Unedig yn cael ei chwalu. Wyddoch chi, mae 'na bosibilrwydd na fydd y Blaid Geidwadol byth eto yn medru cael Llywodraeth ar Brydain achos na fydd yna ddim Prydain. Dyna sy'n fy mhoeni fi. Dyna pam mae hi mor ofnadwy o drist gweld yr hyn sydd wedi digwydd yng Nghymru.

Elwyn Jones, Trefnydd y Ceidwadwyr yng Ngogledd Cymru trannoeth i'r Etholiad Cyffredinol.

Fe ddaeth Chris Needs a dimensiwn newydd i Radio Cymru.

Y DUWIA BACH

Y peth gwaetha a ddigwyddodd erioed—a fi wnaeth ddod â nhw i mewn i'r BBC—nid fy mod i wedi dewis dod â nhw i mewn i'r BBC oedd cyfrifiaduron. Achos mae popeth bellach mewn newyddiaduriaeth—does dim ond angen i chi fynd mewn bellach i'r stafell newyddion a 'da chi'n cael criw o bobl sy'n deud dim gair wrth ei gilydd yn sbio'i mewn i'r duwia bach 'ma sydd o'u blaena nhw. Ac os nad ydi'r stori yn fanno, dydi'r stori ddim yn bod. A hwnna 'di'r peth mwya dagreuol, dwi'n meddwl, sydd wedi digwydd yn ystod yr un-mlynadd-ar-hugan ers geni Radio Cymru. Dyma, dwi'n meddwl, sy'n rhaid i newyddiadurwyr gwerth eu halan ddal i'w wneud ydi deud storis am bobol go iawn wrth bobol go iawn mewn iaith go iawn.

Gwilym Owen

A dyna'r Tywysog Charles, William a Harry yn gosod eu torch hwythau ac yn sefyll yn drindod—y Tywysog Charles yn croesi ei hun—ac yna'n cerdded yn ôl i'w seddi.

R Alun Evans yn darlledu'n fyw o Abaty Westminster
yn angladd y Dywysoges Diana.

Roedd blodau, blodau o'i blaen,
a chôr, a bandiau'n chwarae'n
osgordd, a thyrfa'n gwasgu
a'u llygaid tanbaid bod tu'n
llowcio'i harddwch lle cerddai
â grym hardd blaguro Mai
drwy swae a chyffro'r bore,
drwy'r blodau, blodau i b'le?

I'w nos, lle mae'n anwesu
un rhan fach o'r hyn a fu:
petalau crimp tawelwch
yn ei llaw yn troi yn llwch.

Emyr Lewis, 'Enwogrwydd' *Talwrn y Beirdd.*

'IE' DROS GYMRU

Yn Sir Gâr. . . nifer y pleidleisiau dilys a fwriwyd dros y datganiad yr oedd yn cytuno y dylid cael Cynulliad i Gymru oedd pedwardeg naw mil, cant undeg a phump. . . Nifer y pleidleisiau dilys a fwriwyd dros y datganiad nid wyf yn cytuno y dylid cael Cynulliad i Gymru oedd dauddeg chwech mil, cant undeg a naw.

Mae 'na bobol ar ben cadeiriau yma, mae 'na bobol yn gweiddi yma, mae baneri Cymru yn chwifio. Mae'r olygfa yn ddramatig. Mae 'na bobol yn chwifio dwylo, yn cofleidio'i gilydd. Mae dagrau diflastod yr oriau cyn hyn bellach wedi troi'n ddagrau o lawenydd. Mae 'na olwg o anghrediniaeth ar wynebau pobol. Mae 'na olwg o ryddhad. Ac mae'r Champagne yn dechre llifo yn barod. Yr olygfa yn ffrwydro o flaen ein llygaid ni fan hyn.

Wel, yn '79, wrth gwrs, fe dorrodd llawer eu calonnau. Yn '97, fe gododd llawer eu calonnau i'r entrychion. A dwi'n credu y gellid dweud mai'r diwrnod hwnnw oedd y diwrnod pwysicaf, efallai, yn hanes Cymru o achos roedd e'n ddigon i ddiogelu dyfodol y genedl. O'r diwedd mae gyda ni gynulliad a fydd yn cael ei ethol gan y genedl, a fydd yn cynrychioli'r genedl, a fydd yn strwythur i dyfiant Senedd lawer iawn mwy nerthol. Rwy'n credu fod ein dyfodol ni bellach yn ddiogel. Mae 'na rhyw daeogrwydd yn bod yng Nghymru, rhyw ddiffyg hyder affwysol yn bod yma yng Nghymru. Ac un o'r gobeithion sydd gen i yw y bydd y Cynulliad hwn, fel y bydd e', yn gweithio'n dda, yw y bydd e'n tyfu, y bydd y Cynulliad hwn yn adfer hyder ymhlith mwyafrif mawr pobol Cymru. Dyna sydd eisiau fwyaf arnon ni.

Adroddiadau byw ynghyd â sgwrs Gwynfor Evans ar *Beti a'i Phobol.*

Ac wrth son am Radio Cymru, daeth cyfres arall o ***Beti a'i Phobol****, gyda Gwynfor Evans yn hynod ddiddorol yn adrodd hanes ei fywyd yn rhan un (rhan dau y Sul nesaf). Rwy'n hynod falch ei fod wedi cael byw i weld Medi 18 ar ôl cymaint o siomedigaethau.*

Arthur Tomos, *Golwg* 16 o Hydref.

Canmoliaeth yn *Golwg* i *Beti a'i Phobol.*

Y FRWYDR YN PARHAU

"Fis Mai eleni fe gyhoeddodd y BBC ei haddewidion ar gyfer darlledu drwy Brydain. Ac yn yr addewid yna, mae 'na dynghedu i wasanaeth Cymraeg ar Radio Cymru. Mae'r rheol Saesneg mae penaethiaid presennol Radio Cymru wedi'i orfodi ar y gwasanaeth hwnnw yn groes i addewid y BBC ei hunan. Y cyfan ydi ni'n wneud yw gofyn iddyn nhw i gadw at eu haddewid, os gwelwch chi'n dda.

Ond 'di chi hefyd, wrth gwrs, yn dweud am ddarpariaeth S4C?

"Ydyn. Fel ow'n i'n deud, does dim rheol Saesneg ar S4C ond mae 'na Saesneg direol ar S4C sydd yn mynd yn groes i'r canllawiau mae S4C wedi'i roi iddyn nhw'u hunain. Mae nhw wedi deud fod yna le i hyn-a-hyn o Saesneg os ydi o yn wirioneddol angenrheidiol. Wel dudwch mewn gwirionedd pa mor angenrheidiol ar gyfer y gymdeithas wledig amaethyddol Gymreig ydi cael slotiau Saesneg ar raglen *Ffermio*. Mae'r Saesneg direol yma ar lawer iawn o raglenni S4C bellach, yn groes i'r canllawiau mae nhw wedi'u gosod iddyn nhw'u hunain. Gofyn ydi ni am dynhau y rheolau yma, tynhau y canllawiau, dileu y rheol Saesneg ar Radio Cymru a rhoi i ni yr hyn ydi ni'n ei haeddu sef gwasanaeth Cymraeg cyflawn ar y gwasanaethau Cymraeg."

Myrddin ap Dafydd ar *Y Stondin* yn cynrychioli deuddeg o bobol oedd yn gwrthod talu eu trwydded teledu ar fater y gor- ddefnydd o'r Saesneg ar y cyfryngau Cymraeg.

"Mae 'na deimlad, wyddoch chi, ar yr ochr arall i'r geiniog bod pobol yn teimlo bod Radio Cymru yn darparu gwasanaeth sydd yn cydbwyso ac yn darparu ar gyfer pawb. A 'dw i'n hun yn teimlo hynny. Fyswn i ddim yn leicio clywed rhagor o recordiau Saesneg yn cael eu chwara ond dwi'n teimlo ar hyn o bryd fod y cydbwysedd yn berffaith. Dwi'n meddwl fod yna rywbeth ar Radio Cymru ar hyn o bryd sy'n apelio i bawb. Ac i'r diben yna, Sulwyn, dw'i wedi dod ynghyd efo un neu ddau o bobol eraill i ffurfio rhyw grŵp, Cyfeillion Radio Cymru neu rywbeth yn debyg i hynny."

Gwilym Euros Roberts ar *Y Stondin*.

Sut ddyfodol sydd i iaith a ffordd o fyw, yr ireiddiaf sy'n aros o hen wareiddiad y Celtiaid, sef y chi a fi?

John Roberts Williams ar **Dros fy Sbectol.**

PENBLWYDD HAPUS

O, ie, cyn mynd. Os na chlywoch chi Pwlffacan rydych bron a thorri eich bogeiliau eisiau clywed jôc Caryl.

Cledwyn yn agor drws y ffrynt ar ei benblwydd yn 90 oed a'r ferch rywiol benfelen yn dweud yn floesg, "Pen-blwydd Hapus, Cled. Rydw'i wedi dod i roi swpersex i ti."

"OK," ebe Cledwyn, "mi gymera i'r sŵp."

Hafina Clwyd, *Y Cymro* 17ed Rhagfyr.